Birgittinischer Kalender

Tagesbetrachtungen aus den Offenbarungen
der Birgitta von Schweden

Birgittinischer Kalender

Tagesbetrachtungen aus den Offenbarungen der Birgitta von Schweden

Verfasst für die Töchter der heiligen Birgitta
von Pater Simon Hörmann (1630-1701)

Aus dem Lateinischen neu übersetzt
von Apollonia Buchinger OSsS

eos

Umschlagmotiv:
Die hl. Birgitta verehrt den auferstandenen Christus,
Ölbild, 19. Jahrhundert

Die Drucklegung wurde großzügig gefördert von
H.H. Pfarrer i.R. Hans-Josef Bösl, Painten

1. Auflage:
EOS Verlag Sankt Ottilien 2022

mail@eos-verlag.de
www.eos-verlag.de

ISBN 978-3-8306-8155-7

Bibliografische Information der Deutschen Bibliothek
Die Deutsche Bibliothek verzeichnet diese Publikation
in der Deutschen Nationalbibliografie;
detaillierte bibliografische Angaben sind im Internet
unter http://dnb.ddb.de abrufbar.

Druck und Bindung: Balto Print, Vilnius
Printed in Lithuania

Geleitwort

Es gibt sie noch, verehrte Leserinnen und Leser,

diese guten, gastfreundlichen Restaurants, in denen der Kunde, der auf das bestellte Essen wartet, mit einem „Gruß aus der Küche“ erfreut wird, mit einer Kleinigkeit, die seine Vorfreude steigern und ihn neugierig machen will auf das, was noch folgen soll.

Wenn nun, zeitnah zur Veröffentlichung der Neuübersetzung der „Werke“ der hl. Birgitta, die Sr. Apollonia Buchinger OSsS verdienstvoller Weise erarbeitet hat, auch der vorliegende „Birgittinische Kalender“ neu herausgegeben wird, dann mag man dies durchaus in ähnlichem Sinn als Einladung verstehen.

Jedenfalls ist der Nachdruck des „Kalenders“ mit den „Tagesbetrachtungen aus den Offenbarungen der Birgitta von Schweden“ mehr als nur eine historische Reminiszenz an P. Simon Hörmann OSsS (1630-1701), der Prior in Altomünster war und erster und einziger Generalprior des „Ordens des Allerheiligsten Erlösers“. Denn die Worte, die Hörmann für jeden Tag des Jahres sozusagen als „Kernsätze“ aus den Schriften der hl. Birgitta und den Lebensbeschreibungen der Birgitta und ihrer Tochter, der hl. Katharina von Vadstena (1331-1381), verfasste, sind mehr als ein historisches Dokument. Sie bezeugen nicht nur, wie man im Kloster Tag für Tag bemüht war, Einsichten der Ordensgründerin zu tradieren und als geistliche Anregungen an die Mitglieder des Konventes weiterzugeben und diese so zu bilden. Man kann diese „Tageslosungen“ auch als eine kurz gefasste Einführung in die Gedankenwelt der hl. Patronin Europas lesen, als freundliche Einladung an uns Heutige, von diesen knappen Sätzen her neugierig zu werden auf das Ganze und einen Einstieg in die Welt der Birgitta zuteil gewordenen „Offenbarungen" selbst zu wagen.

Jeweils einer dieser sehr kurzen Texte, für die Hörmann die ganz persönlichen Anreden „Meine Braut" bzw. „Meine Tochter" von Birgitta übernommen hat, wurde an allen Tagen des Jahres vor der Komplet, dem Nachtgebet der Kirche, vorgelesen. Nach der Komplet bricht die Nacht an. Die Nacht ist der beste Teil des Tages, wenn man diesen Zeitraum nicht nur so erlebt, dass in ihm das Ausgeliefertsein an den Schlaf und das Unheimliche dominieren, sondern dass dann die Sinne ruhen, der Leib sich regeneriert und ein wunderbares Wort aus dem Hohen Lied (5,2) gilt: „Ich schlief, doch mein Herz war wach."

Prälat Dr. Günter Assenmacher
Domkapitular in Köln und
Leiter des dortigen St. Ansgarius-Werkes

Inhaltsverzeichnis

JANUAR
Geweiht dem göttlichen Jesuskind

1. Januar

Meine Braut! Ich bin ohne Anfang und ohne Ende. Es gibt keine Veränderung bei mir weder von Jahr noch von Tag. Sondern alle Zeit der Welt ist vor mir, als wäre es eine Stunde oder ein Augenblick.

Offenbarungen I 28 (1)

2. Januar

Meine Braut! Du sollst sein wie ein Mensch, der zurücklässt, und wie einer, der sammelt. Du sollst nämlich den Reichtum zurücklassen und Tugenden sammeln, das Hinfällige zurücklassen und das Ewige sammeln, das Sichtbare aufgeben und das Unsichtbare sammeln.

Offenbarungen I 32 (1)

3. Januar

Meine Braut! Reinige dich beständig zu jeder Stunde von der Sünde! Lass keine ungeprüft! Halte keine Sünde für leicht, keine für vernachlässigenswert! Denn alles, was du vernachlässigen wirst, werde ich ins Gedächtnis zurückrufen und darüber urteilen. Aber es wird keine Sünde von dir in mein Gericht kommen, die in deinem Leben durch Buße gestraft worden ist.

Offenbarungen I 36 (10-11)

4. Januar

Meine Braut! Die Bösen werden geduldet zur Prüfung der Guten. In der Bosheit der Bösen wird ja die Beständigkeit der Guten geprüft. Denn in der Widrigkeit zeigt sich, wie geduldig einer ist, im Glück aber, wie beständig und gemäßigt.

Offenbarungen II 19 (56)

5. Januar

„Meine Tochter! Du sollst wissen, dass, als die drei Magierkönige in den Stall gekommen waren, um meinen Sohn anzubeten, ich zuvor ihre Ankunft vorausgesehen habe. Und als sie eingetreten waren und ihn angebetet hatten, da jubelte mein Sohn und hatte vor Freude ein fröhliches Antlitz. Auch ich habe mich sehr gefreut und habe in wunderbarer Freude des Jubels in meinem Geist frohlockt, wartete auf ihre Worte und Taten, bewahrte und sammelte sie in meinem Herzen." So teilte die Muttergottes der Braut mit.

Offenbarungen VII 24 (1-3)

6. Januar

Meine Braut! Siehe mich außerdem, den Mächtigsten und den Ärmsten. Den Mächtigsten bei der Anbetung der Könige in der Weisung des Sterns, den Ärmsten, der ich in Windeln eingewickelt und in die Krippe gelegt wurde.

Extravagantes 82 (7)

7. Januar

Meine Braut! Stehe fest in meinem Dienst! Du bist sozusagen in eine Ringmauer gekommen, in die eingeschlossen du weder fliehen noch das Fundament untergraben kannst. Ertrage daher freiwillig eine bescheidene Trübsal, und du wirst ewige Ruhe in meinem Arm verspüren.

Offenbarungen I 46 (20)

8. Januar

Meine Braut! Diese Welt ist wie ein Schiff. Es ist voller Sorgen, wird durch die Stürme der Versuchungen herumgetrieben und lässt den Menschen niemals in Sicherheit leben, bevor er nicht in den Hafen der Ruhe gelangt ist.

Offenbarungen VI 67 (1)

9. Januar

Meine Braut! Deine Kleider sollen innere und äußere Demut sein, sodass du nicht im Innern dich selbst erhöhst, als wärest du sozusagen heiliger als die anderen, und du dich nicht äußerlich schämst vor den Menschen, wenn du dich demütig zeigst.

Offenbarungen I 46 (4)

10. Januar

Meine Braut! Wer das Himmlische ersehnt, für den ist es notwendig, alle irdischen Neigungen aus dem Geist zu entfernen, denn wem Gott süß wird, dem wird das Irdische und Vergängliche gering.

Offenbarungen VI 106 (4)

11. Januar

Meine Tochter! Jener Schmerz war nicht der geringste, den ich hatte, als ich meinen Sohn trug und mit ihm nach Ägypten floh, und als ich vernahm, dass die unschuldigen Kinder getötet würden und Herodes meinen Sohn verfolge. – So sprach die Muttergottes zur Braut.

Offenbarungen VI 58 (1)

12. Januar

Meine Braut! Betrachte, solange noch Zeit ist, mit großem Eifer, das Blatt der Barmherzigkeit, denn jeder, der gerettet werden soll, wird entweder durch Wasser oder durch Feuer gereinigt werden, das heißt, er muss entweder durch mäßige Mühe der Buße in der gegenwärtigen Zeit oder durch das Fegefeuer in der künftigen geläutert werden, bis er geläutert ist.

Offenbarungen IV 85 (4)

13. Januar

Meine Braut! Stehe fest und liebe mich von ganzem Herzen. Fliehe alle Hoffart und ergreife alle Demut, bewahre deinen Mund und alle deine Glieder zu meiner Ehre. Gehorche, wie ich dir befohlen; erforsche stündlich dein Gewissen, wie und wieweit du sündigst. Erhebe dich sogleich wieder zu mir, wenn du fällst; bekümmere dich nicht um die Ehren der Welt noch um ihre Freunde, denn wenn du mich hast, wird dir alles süß werden.

3. Kapitel der Vorrede zur Regel (33-34).

14. Januar

Meine Tochter! Mein göttlicher Sohn war, wie das Evangelium schreibt, seinen Eltern untertan. Er war auch so gehorsam, dass er, wenn Joseph ihm etwa sagte: ‚Tu dies oder das!', er es sofort auch tat; denn er verbarg die Macht seiner Gottheit so sehr, dass diese nur von mir und zuweilen auch von Joseph erkannt werden konnte, die wir sehr häufig ein wunderbares

Licht ihn umleuchten sahen, und wir hörten Engelsstimmen, die über ihm sangen. – So sprach die Muttergottes zur Braut.

Offenbarungen VI 58 (3, 13)

15. Januar

Meine Braut! Die heiligen Einsiedler haben diese Gabe des Fastens unter anderen Gründen auch deswegen erhalten, um meine Gnade und Macht zu offenbaren, damit die Menschen wissen sollten, dass ich, wie ich die Seele ohne leibliche Speise erhalte, auch den Leib ohne Speise zu erhalten vermag, wenn es mir gefällt.

Offenbarungen IV 108 (15)

16. Januar

Meine Tochter! Das Antlitz meines Sohnes und seine Reden waren immer so wunderbar und wohltuend, dass viele Betrübte sagten: ‚Lasst uns zum Sohn Marias hingehen, wir können von ihm getröstet werden. Wenn wir aber in Armut und Furcht gerieten oder in Schwierigkeiten, verschaffte er uns nicht etwa Gold und Silber, sondern ermahnte uns zur Geduld, und es kam uns das, was zum Lebensunterhalt notwendig war, entweder durch das Mitleid frommer Herzen oder durch unsere Arbeit zu. – So sprach die Muttergottes zur Braut.

Offenbarungen VI 58 (6, 8-9)

17. Januar

Meine Braut! Wenn du von irgendjemandem zum Zorn gereizt wirst, dann sprich nicht, bevor nicht der Zorn aus deiner Seele gewichen ist. Wenn sich die Aufgeregtheit der Seele dann gelegt hat und die Ursache der Aufregung sorgfältig überdacht worden ist, dann magst du mit Sanftmut sprechen. Wenn du aber siehst, dass du durch Sprechen keinen Nutzen stiftest und dass du durch Schweigen nicht sündigst, dann ist Schweigen wegen des Verdienstes besser.

Offenbarungen VI 6 (4-5)

18. Januar

Meine Tochter! Ich werde dir helfen, damit du der Samenkörner teilhaftig wirst, die ich auf die Erde gelegt habe. Rom war einst eine Stadt der Kämpfer, deren Straßen mit Gold und Silber bedeckt waren. Jetzt aber sind ihre Saphirsteine in Kot gewandelt. So sprach der Apostelfürst zur heiligen Birgitta.

Offenbarungen IV 5 (8-9).

19. Januar

Meine Braut! Ein jeder, der nicht auf das Kleinste achtet, fällt in Größeres. Denn auch eine lässliche Sünde, wegen der das Gewissen gequält wird, wird, wenn man sie begeht und fortsetzt, eine Todsünde und wird wegen der Verachtung schwerer bestraft.

Offenbarungen VI 114 (3)

20. Januar

Meine Braut! Es gefällt mir nämlich besser, dass die Nonnen in der ruhigen und heiligen Armut, die sie gelobt haben, leben und sich zufrieden geben, als wenn sie sich in die irdische Sorge der Leitung des Irdischen verwickeln und sich der Verteilung von Almosen aus fremden Gütern in eitler Weise rühmen.

Offenbarungen VI 99 (6)

21. Januar

Meine Tochter! Komm und setze dir die Krone auf, die aus sieben kostbaren Steinen gearbeitet ist. Was aber ist die Krone, wenn nicht die Prüfung der Geduld, die aus Betrübnissen geschmiedet und von Gott mit Kronen geschmückt wird? So wurde die Braut von der heiligen Agnes begrüßt.

Offenbarungen IV 124 (1)

22. Januar

Meine Braut! Inwendig sollst du mit Demut vergoldet sein, nämlich dass du niemandem anderen außer mir zu gefallen begehrst, und dich nicht davor fürchtest, Menschen um meinetwillen zu missfallen.

Offenbarungen IV 100 (3)

23. Januar

Meine Tochter! Ehe Joseph sich mit mir verlobte, erkannte er im Heiligen Geist, dass ich meine Jungfräulichkeit Gott gelobt hatte. Er verlobte sich mit mir in der Absicht, um mir zu dienen und mich zu seiner Gebieterin, nicht zu seiner Gattin zu haben. So sprach die Muttergottes zur Braut.

Offenbarungen VII 25 (5-6)

24. Januar

Meine Braut! Wer immer kämpfen will, muss großherzig sein und aufstehen, wenn er gefallen ist. Er darf sich nicht auf seine eigenen Kräfte verlassen, sondern auf meine Barmherzigkeit. Denn wer in meine Güte Misstrauen setzt, der verdient es, wenn er fällt.

Offenbarungen IV 89 (1-2)

25. Januar

Meine Tochter! Wahrhaftig, Tochter, ich bin ein reißender Wolf gewesen, aber aus einem Wolf hat mich Gott zu einem Lamm gemacht, und zwar aus zwei Gründen: Erstens wegen seiner großen Liebe, die aus Unwürdigen ihre Gefäße macht und aus Sündern ihre Freunde. Zweitens infolge der Gebete des hl. Stephanus. Deshalb ist es gut, für alle zu beten; denn das Gebet des Gerechten nützt denen, welche nahe daran und geeigneter sind, die Gnade zu empfangen. So belehrte der hl. Paulus die Braut.

Offenbarungen IV 6 (1, 7)

26. Januar

Meine Braut! Du bist die, die in einem armen Haus erzogen worden und in die Gesellschaft von Großen gekommen ist. Das arme Haus aber ist die Welt. Von dem bist du also abgezogen und in das Haus des heiligen Geistes geführt worden, der in mir ist und ich in ihm. Also forme dich dem Bewohner des Hauses gleich, indem du rein, demütig und fromm bleibst.

Offenbarungen V 9. Offenbarung (1, 3, 5-6)

27. Januar

Meine Braut! Damit der Mensch seine eigene Schwäche erkenne, die er von sich selber aus hat, und die Stärke, die er von mir hat, ist es nötig, dass aus meiner großen Barmherzigkeit gestattet wird, dass er manchmal von schlechten Gedanken versucht wird. Wenn der Mensch ihnen nicht zustimmt, sind sie eine Reinigung der Seele und ein Schutz seiner Tugenden.

Offenbarungen II 27 (11-12)

28. Januar

Meine Braut! Du wunderst dich, warum, wie du gehört hast, ein Freund Gottes Trübsale erleidet, ein Feind Gottes aber geehrt wird. Ich antworte dir: Was ist die Trübsal der Welt anderes als eine Vorbereitung und Erhebung zur Krone? Was aber ist das Glück der Welt für einen Menschen, der die Gnade missbraucht, anderes als ein Niedersteigen zum Verderben?

Offenbarungen IV 15 (1-2)

29. Januar

Meine Braut! Ich habe der Seele des Menschen, der durch die Macht meiner Gottheit erschaffen worden ist, ein Haus gebaut, da ich ihr einen sterblichen Leib gegeben habe, in welchem sie sich bewähren und in den Tugenden üben sollte. Edel ist der Leib deswegen, weil er von Gott erschaffen worden ist und an allen Elementen teilhat und am Jüngsten Tag zur Ewigkeit auferstehen wird. Unedel aber ist der Leib im Vergleich zur Seele, weil er von der Erde genommen, die Seele aber geistig ist. Weil nun der Leib nur wenig Adel an sich hat, muss er noch mit Tugenden geschmückt werden, um am Tag des Gerichts verherrlicht zu werden.

Offenbarungen VI 66 (1-2, 4, 6-7)

30. Januar

Meine Braut! Ich kann über dasjenige, was mein ist, verfügen, wie ich will. Und weil du mein bist, sollst du dich nicht wundern über das, was ich mit dir machen will, sondern sei beständig und standhaft im Erdulden und willig, alles zu tun, was immer ich dir befehlen werde.

Offenbarungen IV 77 (25)

31. Januar

Meine Braut! Der nämlich, der nach dem lebt, was er versteht, der sich der Eitelkeit und Neugierde der Welt entzieht, der nichts so sehr sucht wie seinen Gott, der hat einen klaren Blick. Der jedoch, der zwar die Wissenschaft besitzt, aber nicht göttliche Liebe, um zu tun, was er versteht, der ist einem Blinden ähnlich, der zwar irgendwie Augen zu Gott hin zu haben scheint, sie aber nicht hat.

Offenbarungen II 14 (18-19)

FEBRUAR

Geweiht der heiligen Familie

1. Februar

Meine Tochter! Denn obwohl ich durch göttliche Eingebung wusste, dass mein Sohn leiden würde, durchbohrte dieser Kummer mein Herz bei Simeons Worten schärfer, als er sagte, dass das Schwert meine Seele durchdringen werde, und dieser Kummer hat, bis ich mit Leib und Seele in den Himmel aufgenommen wurde, mein Herz nie verlassen.

Offenbarungen VI 57 (4-5)

2. Februar

Meine Braut! Siehe, wie große Ehre und Herrlichkeit wird an diesem Fest der Königin des Himmels vergolten für das Schwert der Schmerzen, die sie beim Leiden ihres geliebten Sohnes erduldete.

Offenbarungen VII 2 (5)

3. Februar

Meine Braut! Darum sei standhaft im Glauben, liebe Gott von ganzem Herzen, ziehe dich in deinem Herzen niemandem vor, ziehe nicht deine Meinung der Meinung anderer vor und übergib deinen Willen gänzlich Gott.

Offenbarungen IV 38 (11)

4. Februar

Meine Braut! Von meinem Schweißtuch soll er wissen, dass so, wie der Schweiß meines Blutes zu Beginn meines Leidens von meinem Körper geflossen ist, so auch jener Schweiß von meinem Gesicht rann zum Trost für die Künftigen.

Offenbarungen IV 81 (43)

5. Februar

Meine Braut! Die Seele des Menschen, der hört, dass man ihn verleumdet hat, und dennoch dem Verleumder nichts Böses wünscht, wird gleichsam mit den schönsten Kleidern geschmückt, so sehr, dass der Bräutigam, welcher der eine Gott in drei Personen ist, jene Seele für die ewige Liebe seiner Gottheit begehrt.

Offenbarungen VI 47 (2)

6. Februar

Meine Braut! Die Christen machen es mit mir jetzt so, wie es die Juden gemacht haben. Sie haben mich aus ihrem Tempel hinausgeworfen. So machen es die Christen jetzt mit mir. Sie werfen mich aus ihrem Tempel hinaus, das heißt aus ihrer Seele. Aber dennoch bin ich so barmherzig, dass ich jeden mit Freuden aufnehme, wer immer mich um Verzeihung bittet und sagt: ‚Herr, ich erkenne, dass ich schwer gesündigt habe. Erbarme dich meiner um deines bitteren Leidens willen!' Denen aber, die in ihrem Bösen verharren, werde ich entgegentreten wie ein Riese, dass sie wie eine Mücke vor mir sein werden und dass sie Weh in der Gegenwart und Weh in der Ewigkeit empfinden werden.

Offenbarungen I 57 (1-2, 6-8)

7. Februar

Meine Braut! Die geistliche Weisheit ist, den eigenen Willen Gott zu überlassen und mit ganzem Verlangen nach dem Himmlischen zu streben. Es kann nämlich nicht wahrhaft eine Weisheit genannt werden, wenn nicht das Werk mit den Worten übereinstimmt. Jene Weisheit führt zum ewigen Leben.

Offenbarungen II 22 (18-19)

8. Februar

Meine Braut! Die Jungfräulichkeit ist gut und das Höchste, weil sie den Engeln ähnlich ist. Ist aber bei ihr das eine ohne das andere, nämlich die Jungfräulichkeit des Fleisches ohne die des Herzens, dann ist es eine missgebildete Jungfräulichkeit. Eine fromme und demütige Ehefrau ist mir angenehmer als solch eine Jungfrau.

Offenbarungen IV 71 (13-14)

9. Februar

Meine Braut! Wenn du die geistliche Schönheit der Engel und der heiligen Seelen sehen würdest, so würde es dein Körper nicht ertragen, das zu sehen, sondern zerbrechen wegen der Freude über das Geschaute. Wenn du aber die Teufel sehen würdest, wie sie wirklich sind, dann würdest du eines plötzlichen Todes sterben aufgrund ihres entsetzlichen Aussehens.

Offenbarungen II 18 (2-3)

10. Februar

Meine Tochter! Denn auch die geringste Sünde, an der jemand sich freut und sie nicht bessert, genügt, um ihn zu verderben. Darum, o Braut, sei meinem Sohn folgsam und fürchte ihn, denn wie er barmherzig ist, so ist er auch gerecht. – So ermahnte die Gottesmutter die Braut.

Offenbarungen I 32 (10)

11. Februar

Meine Braut! So sehr ich dich von ganzem Herzen liebe, handle ich dennoch auch nicht in einem einzigen Punkt gegen die Gerechtigkeit, damit du, wie du mit allen Gliedern gefehlt hast, so auch in allen Genugtuung leistest. Nimm also gerne eine geringe Mühe auf dich, damit du gereinigt schneller großen Lohn erlangst.

Offenbarungen I 2 (10-11)

12. Februar

Meine Braut! Ich wäre auch imstande, die Hölle zu öffnen, sodass alle ihre Strafen sehen könnten, aber das wäre nicht Gerechtigkeit, weil mir dann der Mensch aus Furcht dienen würde, aber der Mensch sollte mir aus Liebe dienen. Denn niemand, der die Liebe nicht hat, wird in das Himmelreich eingehen.

Offenbarungen I 53 (27)

13. Februar

Meine Braut! Ich bin die Wahrheit und Gerechtigkeit selber und vergelte jedem nach seinen Werken; ich habe Einsicht in die Herzen und Willen, und wie der Himmel fern ist von der Erde, so sind meine Wege und Gerichte fern von den Ratschlägen und dem Verstand der Weltmenschen.

Offenbarungen VI 75 (10)

14. Februar

Meine Braut! Es bleibt kein Geschöpf ohne mein Erbarmen. Denn welche auch immer hören, dass ihr Glaube nicht der wahre sei, und inbrünstig nach dem wahren Glauben verlangen, oder welche auch immer glauben, dass derjenige der beste sei, dem sie folgen, weil ihnen niemals etwas anderes gepredigt worden ist, und die mit ganzer Anstrengung tun, was sie können, deren Gericht wird ein leichteres Erbarmen sein.

Offenbarungen III 26 (12-13)

15. Februar

Meine Braut! Wo Feuer in einem Haus ist, ist eine Öffnung notwendig, durch welche der Rauch hinauszieht, damit der Bewohner Freude an der Wärme hat. So ist für einen jeden, der meinen Geist und meine göttliche Gnade zu haben begehrt, ein beständiges Beichten nützlich, durch das der Rauch der Sünde abzieht. Denn obwohl mein göttlicher Geist in sich unveränderlich ist, zieht er sich dennoch schneller von einem Herzen zurück, welches nicht die Beichte der Demut bewahrt.

Offenbarungen V 7 (1-3)

16. Februar

Meine Braut! Ich habe in meinem Evangelium gesagt, dass der, der einen Becher kalten Wassers in meinem Namen gibt, seines Lohnes nicht verlustig gehen wird. So verdient jede Enthaltsamkeit, auch die kleinste, die zu meiner Ehre unternommen und andächtig vollzogen wird, gebührenden Lohn von mir.

Extravagantes 65 (11)

17. Februar

Meine Braut! Wenn der Priester auch der schlechteste Mensch wäre, aber jene Worte gesagt hat ‚Dies ist mein Leib', so konsekriert er meinen wahren Leib, und ich liege als wahrer Gott und wahrer Mensch vor ihm. Das können alle Engel nicht tun, weil ich nur den Priestern diese Würde gegeben und sie zu den höchsten Ständen erwählt habe.

Offenbarungen I 47 (28, 37)

18. Februar

Meine Braut! Ich rate dir, in deinem Herzen beständig an zwei Dinge zu denken. Erstens, was ich für dich getan habe, indem ich gelitten habe und gestorben bin. Dieser Gedanke regt die Liebe zu Gott an. Zweitens betrachte meine Gerechtigkeit und das kommende Gericht, das flößt dem Geist Furcht ein.

Offenbarungen II 16 (14-15)

19. Februar

Meine Braut! Und wenn es auch dem Menschen nicht reichen würde, so viele tausend Jahre in der Welt zu leben, weil für unendliche Sünden unendliche Strafen erforderlich sind, wofür Genugtuung zu tun und zu erfüllen dem Menschen in diesem Leben unmöglich ist, so wird doch wegen der Ablässe vieles nachgelassen, und die schwerste und längste Strafe in die kleinste verwandelt. Und die, welche nach erlangtem Ablass mit vollkommener Liebe und wahrer Reue von der Welt scheiden, werden nicht nur von den Sünden erlöst, sondern auch von den Strafen.

Offenbarungen VI 102 (7-8)

20. Februar

Meine Braut! „Ich stand nicht, sondern hing am Kreuz, und mein Haupt hatte nichts, um sich anzulehnen, und du suchst nach solcher Pracht und Bequemlichkeit“ So sprach der Herr zur hl. Birgitta, als sie zur Zeit ihrer Vermählung eine Bettstelle mit größerer Pracht als gewöhnlich verfertigen ließ.

Extravagantes 53 (2)

21. Februar

Meine Braut! Sie heften mich ans Kreuz durch ihren Willen zu sündigen, geißeln mich durch ihre Ungeduld, weil keiner um meinetwillen ein Wort ertagen kann. Und sie krönen mich mit den Dornen ihres Hochmuts und durchstechen meine Hände und Füße, weil sie sich der Sünde rühmen.

Offenbarungen I 30 (3)

22. Februar

Meine Braut! Denn es ist wahrer und katholischer Glaube, dass der Papst, der ohne Ketzerei ist, wie sehr er auch mit anderen Sünden befleckt sein mag, dennoch von diesen Sünden und seinen übrigen bösen Werken niemals so schlecht sein wird, dass in ihm nicht allezeit die volle Gewalt, die Seelen zu binden und zu lösen, vorhanden sei. Diese Vollmacht hat er durch den heiligen Petrus, und er hat sie von Gott bekommen. Denn es hat viele Päpste gegeben, die in der Hölle sind; nichtsdestoweniger sind ihre gerechten und vernünftigen Urteile, die sie in der Welt gefällt haben, von Bestand und werden von Gott gutgeheißen.

Offenbarungen VII 7 (15-16)

23. Februar

Meine Tochter! Für meinen Sohn gaben viele freudig ihr Leben hin. Jetzt aber ist mein Sohn so vergessen und vernachlässigt, dass manche seinen Tod für nichts achten. Es gibt aber einige wenige, die sich seines Todes in Liebe erinnern.

Offenbarungen VIII 47 (7-8)

24. Februar

Meine Braut! Für jedes Wort und Werk, das die Freunde Gottes um Gottes willen und damit die Seelen gebessert werden, verrichten, und auch für jede Stunde Trübsal, welche sie um Gottes willen erleiden, werden sie gekrönt werden, mögen nun viele oder keiner bekehrt werden.

Offenbarungen IV 31 (4)

25. Februar

Meine Braut! Siehe, wie verwundet ich bin! Das haben jene getan, die mich verachten und meine Liebe vernachlässigen.

Vita Sanctae Birgittae

26. Februar

Meine Braut! Ich habe die Seele des Menschen aus der Gewalt des Teufels mit höherem Preis gekauft, als ich für sie mein Fleisch hingegeben habe, das rein war von jeder Sünde, und für sie ein derart bitteres Leiden erduldet, dass kein einziges meiner Glieder ohne Wunde war. Siehe also, dass ich aus Liebe gestorben bin und mir niemand die Liebe vergilt.

Offenbarungen I 21 (7, 13)

27. Februar

Meine Braut! Liebe alle, auch die, die dich hassen und zu schädigen scheinen, denn sie geben dir eine größere Gelegenheit zur Krone.

Offenbarungen II 16 (9)

28. Februar

Meine Braut! Denn wenn auch der Mensch sich tausendmal für Gott töten würde, wäre er nicht der geringsten Herrlichkeit wert, die den Heiligen gegeben wird.

Offenbarungen VI 102 (6)

29. Februar

Meine Braut! Es ist ein Zeichen großer Liebe, dass meine Freunde in ihren Gebeten nicht immer erhört werden. Ich verschone zu Zeiten meine Auserwählten nicht, weil ich sie zu allem Guten bereit sehe.

Offenbarungen V. 15. Befragung (29, 31)

MÄRZ
Geweiht dem Leiden Christi

1. März (Vorabend des Gründonnerstags)

Meine Braut! Wer kann denn in würdiger Weise an die Ängste der Menschheit Christi denken, die sie damals litt, als er darum bat, dass der Kelch des Leidens an ihm vorübergehen möge, und als die Blutstropfen aus seinem Körper drangen?

Offenbarungen IV 126 (51)

2. März

Meine Braut! Siehe mich auch, den Liebevollsten und den am lieblosesten Behandelten. Den Liebevollsten bei der Erlösung und Verdammung der Sünder, den am lieblosesten Behandelten, weil ich am Kreuz Räubern hinzugesellt wurde.

Extravagantes 82 (11)

3. März

Meine Braut! Weil nämlich mein Haupt zerstochen wurde und sich am Kreuz für dich neigte, so muss auch dein Haupt zur Demut geneigt sein. Und weil meine Augen blutig und voller Tränen waren, darum müssen deine Augen auf ergötzlichen

Anblick verzichten. Weil auch mein Mund ein ganz bitteres Getränk getrunken hat, darum soll sich dein Mund dem Schlechten verschließen und dem Guten öffnen. Denn ich fordere von dir einen größeren Dienst als von anderen, weil ich dir eine größere Gnade erwiesen habe.

Offenbarungen I 11 (3-5)

4. März

Meine Braut! Darum habe ich, damit meine Freunde sich nicht verlassen fühlen und sich ängstigen, wenn ihnen Trübsal bevorsteht, ihnen an mir gezeigt, als blutiger Schweiß aus meinem Körper drang, dass das schwache Fleisch immer vor Beschwerlichkeiten zurückweicht.

Offenbarungen I 39 (2)

5. März

Meine Braut! Ahme meine Demut nach, denn ich, der König der Herrlichkeit und der Engel, war in verächtliche Lumpen gekleidet, stand nackt an der Säule und habe mit meinen Ohren Beschimpfungen und Spott gehört.

Offenbarungen I 1 (10)

6. März

Meine Tochter! Wie Adam und Eva die Welt für einen Apfel verkauft haben, so haben mein Sohn und ich die Welt gewissermaßen mit einem Herzen zurückgekauft. Darum, meine Tochter, denke daran, in welchem Zustand ich mich beim Tod meines Sohnes befand, und es wird dir nicht schwer fallen, die Welt zu verlassen. – So belehrte die Muttergottes die Braut.

Offenbarungen I 35 (7)

7. März

Meine Braut! Ich bin jetzt derselbe, der ich damals war, als ich dem Räuber, der um Barmherzigkeit bat, alle Sünden erließ und ihm die Pforten des Himmels öffnete, dem anderen Schächer aber, der mich verachtete, habe ich die Riegel der Hölle geöffnet.

Offenbarungen IV 10 (24-25)

8. März

Meine Braut! Ich bin entblößt, gegeißelt und mit Dornen gekrönt worden und so stark am Kreuze ausgestreckt, dass gleichsam alle Nerven und Gelenke meines Körpers auseinander gingen. Ich habe alle Beschimpfungen gehört und den verachtenswertesten Tod und den bittersten Schmerz des Herzens ertragen für euer Heil. Dies alles beachtet ihr nicht, denn ihr seid irregeleitet. Darum tragt ihr das Joch und die Last des Teufels mit trügerischer Süßigkeit, und ihr wisst es nicht und spürt es nicht, ehe nicht der Schmerz über die unsägliche Last herannaht.

Offenbarungen VII 30 (9-10)

9. März

Meine Tochter! Betrachte, o neue Braut, das Leiden meines Sohnes, dessen Größe und Bitterkeit das Leiden aller Heiligen übertroffen hat. – Dazu forderte die Muttergottes die Braut auf.

Offenbarungen I 58 (1)

10. März

Meine Braut! Ich bin in Wahrheit die höchste Liebe selber. Denn alles, was ich von Ewigkeit her getan habe, habe ich aus Liebe getan, und in ähnlicher Weise geht alles, was ich tue und tun werde, aus meiner Liebe hervor. Denn die Liebe ist jetzt so unbegreiflich und dicht in mir, wie sie zur Zeit meines Leidens war, als ich durch meinen Tod aus übergroßer Liebe alle Auserwählten erlöst habe.

Offenbarungen VII 19 (3-4)

11. März

Meine Braut! Und als ich so in Schmerzen dahing, öffnete ich meine Augen und sah meine Mutter weinend dastehen; ihr Herz war voller Bitterkeit, alle ihre Glieder waren erstarrt und blass, ihr Weh und ihre Bitterkeit quälten mich mehr als meine eigenen.

Extravagantes 51 (15)

12. März

Meine Braut! Derjenige scheint alles zu verkaufen, der nicht mehr zu haben begehrt als den mäßigen Unterhalt des Leibes und alles andere ausgeteilt hat an die Armen, wie es offenbar ist am hl. Gregor und an vielen anderen Königen und Fürsten. Denn sie wurden von Gott so sehr geliebt, obwohl sie Reichtum hatten.

Offenbarungen VI 46 (6-7)

13. März

Meine Braut! Ich habe den Weg gezeigt, auf dem der Mensch sich von seiner Eitelkeit abkehren möchte. Denn ich habe die Armut und den Gehorsam gezeigt, ich habe Mühsal und Schmerzen erwählt, habe Qual und einen verachtenswerten Tod ertragen. Auf diesem Weg sind meine Freunde lange Zeit gegangen. Aber jetzt ist der Weg verwüstet.

Offenbarungen VI 54 (10-12)

14. März

Meine Braut! Im Augenblick meines Todes öffneten sich die Augen wie halb, die Füße hielten das ganze Gewicht des Körpers aus, und ich hing da wie ein verunstaltetes Stück Tuch. Siehe, solche Dinge habe ich, dein Schöpfer, gelitten, und um so etwas kümmert sich keiner.

Extravagantes 51 (17-18)

15. März

Meine Tochter! Dann schrie mein Sohn in übergroßer Not des Leibes aus seiner Menschennatur zum Vater auf: „O Vater, in deine Hände empfehle ich meinen Geist." Als ich, seine Mutter, diese Stimme gehört hatte, erzitterten alle meine Glieder bei dem bitteren Schmerz meines Herzens. Und sooft ich später an diese Stimme dachte, war sie sozusagen in meinem Ohr gegenwärtig und neu. – So sprach die Muttergottes zur Braut.

Offenbarungen I 10 (30-31)

16. März

Meine Braut! Denn wie sich der Schein niemals vom Feuer trennen lässt, so wurde auch meine Gottheit nie von meiner Menschheit getrennt, auch nicht einmal im Tode.

Offenbarungen I 1 (2)

17. März

Meine Tochter! Der Mensch möge nämlich bedenken, wie Gottes Sohn und der Sohn der Jungfrau, der ein Gott mit dem Vater und dem Heiligen Geist ist, gelitten hat, wie er gefangen und geohrfeigt worden ist, wie er angespuckt und so bis auf die Eingeweide gegeißelt worden ist, dass das Fleisch mit den Geißeln herausgerissen wurde, wie er mit auseinandergezerrten und durchbohrten Nerven schmerzvoll am Kreuz gehangen, und wie er schreiend am Kreuz den Geist aufgab.

Offenbarungen VI 20 (9-10)

18. März

Meine Braut! Wenn es auch hart erscheint, etwas für mich zu leiden, so betrachtet, was ich für euch getan hab! Ich bin euretwegen mit blutenden Füßen zum Kreuz gegangen, ich habe für euch meine Hände und Füße durchbohren lassen, ich habe um euretwegen keines meiner Glieder verschont. Und dennoch achtet ihr auf das alles nicht, indem ihr von mir weggeht.

Offenbarungen II 12 (40-41)

19. März

Meine Tochter! Joseph aber, dem ich anvertraut war, war sehr geduldig im Ertragen der Armut und hatte sein ganzes Verlangen darauf gerichtet, dem Willen Gottes zu gehorchen. Darum ist jetzt seine Herrlichkeit so groß. So sprach die Muttergottes zur Braut.

Offenbarungen VI 59 (8, 13, 15)

20. März

Meine Tochter! Gott hat die Ehe meines Vaters und meiner Mutter in so großer Liebe verbunden, dass damals keine keuschere Ehe zu finden war. Und als ihnen von einem Engel verkündet wurde, dass sie eine Jungfrau zeugen würden, von der das Heil der Welt ausgehen sollte, hätten sie lieber sterben wollen als in fleischlicher Liebe zusammen zu kommen.

Offenbarungen I 9 (2-3)

21. März

Meine Braut! Der hl. Benedikt hätte auch ohne Wüste den Himmel erlangt, denn die Welt war in ihm gestorben, und sein Herz war ganz voll von Gott. Aber es hat Gott gefallen, Benedikt auf einen Berg zu rufen, damit, wenn er vielen bekannt würde, mehrere durch sein Beispiel zur Vervollkommnung ihres Lebens angeregt würden.

Offenbarungen III 20 (4)

22. März

Meine Braut! Deine Tochter Katharina ist die Gefährtin, die ich dir versprochen habe; sie ist eine schöne Pflanze, die ich selber pflegen will, damit sie zu einem fruchtbringenden Baum heranwachse, und weil sie des Taues meiner Gnade bedarf, will ich sie mit meiner Weisheit betauen.

Vita Sanctae Catharinae

23. März

Meine Braut! Als ihr den Tempel betreten habt, der durch mein Blut geheiligt ist, seid ihr von allen euren Sünden so gereinigt worden, als wenn ihr da aus dem Quell der Taufe gehoben worden wäret. Denn alle, die an diesen Ort kommen mit dem vollkommenen Willen, sich nach bestem Wissen zu bessern, denen werden alle früheren Sünden vollständig erlassen, und in ihnen wird die Gnade, voranzuschreiten, vermehrt.

Offenbarungen VII 14 (1, 3)

24. März

Meine Braut! Die Gottheit hat ihr Wort der Jungfrau Maria durch ihren Erzengel Gabriel gesandt. Nichtsdestoweniger jedoch war derselbe Gott, der da sandte, auch selbst zugleich mit dem Engel gesandt. Nachdem das Wort vom Engel ausgesprochen worden war, wurde das Wort Fleisch in der Jungfrau Maria.

Offenbarungen II 13 (2-3)

25. März

Meine Tochter! Nachdem ich dieses Wort des Engels vernommen hatte, spürte ich ein ganz brennendes Verlangen, die Mutter Gottes zu sein, und meine Seele sprach vor Liebe: ‚Siehe, hier bin ich, dein Wille geschehe in mir.' Auf dieses Wort hin wurde sofort mein Sohn in meinem Schoß empfangen mit unaussprechlichem Jubel meiner Seele und aller meiner Glieder.

Offenbarungen I 10 (11)

HEILIGE KARWOCHE

26. März (Palmsonntag abends)

Meine Tochter! So ist auch mein Sohn, der Herr und Schöpfer aller Dinge, ganz arm geworden, um alle mit ewigem, nicht vergänglichem Reichtum zu beschenken; er trug auf seinem Rücken die schwerste Last, nämlich das bittere Kreuz, und reinigte und tilgte mit seinem Blut die Sünden aller.

Offenbarungen IV 64 (2)

27. März (Montag abends)

Meine Tochter! Als mein Sohn vom Kreuz herabblickte und ich zu ihm hinauf, da flossen aus meinen Augen die Tränen wie das Blut aus Adern. Und als er mich ganz aufgerieben vom Schmerz sah, wurde er von meinem Schmerz so sehr in Bitterkeit gebracht, dass aller Schmerz seiner Wunden wie betäubt war wegen meines Schmerzes, den er an mir sah. – So offenbarte die Muttergottes der Braut.

Offenbarungen I 35 (6)

28. März (Vorabend des Schmerzhaften Freitags)

Meine Braut! Ich kann wohl sagen, dass meine Mutter und ich gewissermaßen mit einem Herzen den Menschen erlöst haben: ich, indem ich mit Herz und Fleisch litt, sie aber durch den Schmerz des Herzens und durch die Liebe.

Extravagantes 3 (5)

29. März (Dienstag abends)

Meine Tochter! Es wurden damals auch alle Elemente bewegt: Sonne und Monde verloren ihren Schein, die Erde erbebte, die Felsen spalteten sich, die Gräber öffneten sich in der Stunde des Todes meines Sohnes. Alle Heiden wurden bewegt, wo immer sie sich auch befanden, denn es ging ihnen gleichsam ein stechender Schmerz ins Herz, obgleich sie nicht wussten, woher derselbe kam.

Offenbarungen VI 11 (7-8)

30. März (Gründonnerstag abends)

Meine Tochter! Denn sein kostbares Blut trat aus genauso vielen Venen heraus, mit wie vielen Lanzen mein Herz durchbohrt wurde. Es wurden aber die Adern seiner Hände und Füße durchbohrt, und der Schmerz der durchbohrten Nerven zog sich ohne Trost nach seinem Herzen hin und vom Herzen wieder hin zu den Nerven, und weil sein Herz ganz frisch und sehr gut war, weil von bester Art zusammengesetzt, deswegen kämpften Tod und Leben miteinander, und umso bitterer zog sich das Leben unter Schmerzen hin. Darum, wer immer also in der Welt ist, möge betrachten, in welchem Zustand ich mich beim Tod meines Sohnes befand, und er soll es immer vor Augen haben.

Offenbarungen I 27 (5, 9)

31. März (Karfreitag abends)

Meine Tochter! Ich war zugegen, als jener hervorragende Soldat, mein Sohn, aus Jerusalem auszog, um den Kampf zu bestehen, der so stark und so hart war, dass alle Nerven in seinen Armen angespannt wurden. Der Rücken war blau und blutig, die Füße von den Nägeln durchbohrt, die Augen und Ohren voller Blut. Auch sein Nacken beugte sich, als er den Geist aufgab. Das Herz wurde von der Spitze der Lanze durchbrochen, und so hat er mit höchstem Schmerz die Seelen gewonnen. Er, der jetzt in der Herrlichkeit sitzt, streckt den Arm gegen die Menschen aus.

Offenbarungen III 13 (28-29)

APRIL

Geweiht dem eucharistischen Osterlamm

1. April (Karsamstag abends)

Meine Tochter! An einem solchen Tag wie heute ist mein Sohn von den Toten auferstanden, stark wie ein Löwe, weil er die Macht des Teufels zertreten und die Seelen seiner Auserwählten erlöst hat. Mir aber, die ich die Mutter Gottes bin, erschien mein Sohn selber, als ich nach seinem Tod in einem unfassbaren Schmerz traurig war, früher als den anderen und hat sich mir körperlich gezeigt, mich getröstet und daran erinnert, dass er bald sichtbar zum Himmel aufsteigen werde. So belehrte die Himmelskönigin an einem Ostertag die Braut.

Offenbarungen VI 94 (1, 5)

2. April (Ostersonntag abends)

Meine Braut! Denn wie ich mich meinen Jüngern auf dem Weg nach Emmaus in fremder Gestalt gezeigt habe, so zeige ich mich nun durch die Priester in fremder Gestalt, damit der Glaube herausgefordert werde.

Offenbarungen IV 61 (23)

3. April (Ostermontag abends)

Meine Braut! O meine Freunde, so zärtlich liebe ich meine Schafe, dass ich, wenn das möglich wäre, für jedes einzelne Schaf noch einmal einen besonderen Tod sterben würde, wie ich ihn am Kreuz einmal für alle erlitten habe.

Offenbarungen I 59 (35)

4. April

Meine Braut! Es nützt nämlich nichts, etwas erhalten zu haben, wenn man das Erlangte nicht zu besitzen weiß, und das verloren gegangene Erhaltene quält den Geist unerträglicher, als wenn es niemals gewährt worden wäre und er es niemals besessen hätte.

Offenbarungen VI 42 (14)

5. April

Meine Braut! Jeder nämlich, der steht, steht allein durch die Kraft Gottes. Darum ist die Furcht ein Eintrittstor zum Himmel. Denn viele sind in den Abgrund und in den eigenen Tod gestürzt, weil sie die Gottesfurcht abgeworfen haben.

Offenbarungen III 19 (7-8)

6. April

Meine Braut! Du kennst den Willen des Vaters. Stehe also fest! Andernfalls wirst du meine Gerechtigkeit zu spüren bekommen, durch welche du gezwungen wirst, das zu tun, wozu ich dich jetzt in Güte ermahne.

Offenbarungen I 46 (21)

7. April

Meine Braut! Also ist jener ein Mönch Benedikts, der mehr der Regel als dem Fleisch gehorcht, der weder in der Kleidung noch in den Sitten jemand anderem als Gott zu gefallen begehrt, der täglich zu sterben verlangt und sich auf den Ausgang aus dieser Welt vorbereitet und besorgt ist, wie er Rechenschaft geben möge.

Offenbarungen IV 127 (27)

8. April

Meine Braut! Nimm daher wahre Demut in deinem Geiste an. Denn durch sie fließt die Süße meines Geistes in deine Seele hinein und das weltliche Denken fließt ab. Durch sie wird auch dein Wille angeregt, und er wird meinem Willen vollkommen sein.

Offenbarungen IV 97 (5-6)

9. April

Meine Braut! Wenn alle Sterne und Planeten sich in Zungen verwandelten, wenn alle Heiligen mich bitten würden, würde ich an ihm keine Barmherzigkeit üben, der aus schuldiger Gerechtigkeit verdammt werden muss.

Offenbarungen VI 28 (9)

10. April

Meine Braut! Diejenigen, die einen vollkommenen Willen haben, verdorren nicht in der Liebe Gottes wegen der Liebe der Welt. Jene aber, die unbeständig sind, deren Seele wird vom guten Anfang und von der Liebe Gottes schnell abgewendet, entweder durch Eingebung des Teufels oder durch die Entgegengesetztheit der Welt oder von der eigenen Liebe, indem sie unnützerweise Eitles begehren.

Offenbarungen VI 30 (17)

11. April

Meine Braut! Denn wenn es sich etwa begibt, dass du stürzest oder unversehens strauchelst, so erhebe dich schnell wieder durch Buße und Reue, dann lasse ich dir die Sünden nach und werde dir Geduld und Kraft geben, um die Eingebungen des Teufels zu ertragen.

Offenbarungen VI 30 (12)

12. April

Meine Braut! So wie nämlich ein Reis, wenn es einem trockenen Stamm eingepfropft wird, dann der Stamm zu grünen beginnt, so musst du Frucht bringen und blühen durch meine Gnade, die dich auch trunken macht, sodass vom Wein der Süßigkeit, den ich dir geben werde, das ganze himmlische Heer sich erfreuen möge.

Offenbarungen I 20 (10)

13. April

Meine Braut! Was aber ist die wahre Demut? Sicherlich, sich nicht um die Gunst und die Widerreden der Menschen kümmern, meinen Weg gehen, der vergessen und vernachlässigt ist. Wenn du diesen Weg liebst, dann werden meine Leiden und der Weg meiner Heiligen deinem Geist süß.

Offenbarungen IV 97 (7-8)

14. April

Meine Braut! Die Seele ist von weit besserer Natur als der Leib, weil sie aus der Kraft meiner Gottheit unsterblich ist, Teilhabe hat an den Engeln, vortrefflicher ist als alle Planeten und edler als die ganze Welt. Weil also die Seele von edelsten und feurigem Wesen und ganz geistig ist, kann sie von Leiblichen überhaupt nicht und nicht anders als durch körperlichen Vergleich gesehen werden.

Offenbarungen V 15. Befragung (23-24)

15. April

Meine Braut! Dieser [kranke Mönch] ist ein leuchtender Stern. Es ist nicht zuträglich, dass durch die Gesundheit des Körpers die Seele verdunkelt werde. Denn er hat schon gestritten und vollbracht, und es bleibt nichts übrig, als dass er gekrönt werde.

Offenbarungen VI 31 (59)

16. April

Meine Braut! Schau, was ich dir gegeben habe, und was ich von dir fordere. Ich habe dir nämlich eine Seele ohne Flecken gegeben; gib' sie mir fleckenlos wieder.

Extravagantes 82 (13)

17. April

Meine Braut! Jede Zeit, jeder Gedanke und jedes Werk muss nach der göttlichen Bestimmung ordentlich, nützlich und weise eingerichtet werden.

Offenbarungen IV 115 (12)

18. April

Meine Braut! Wie der Karfunkel im Haus leuchtet und der schönste Stein am Ring ist, so erweckt der Mensch, der geduldig ist, wenn er etwas Liebes verliert, Gott zur Liebe und leuchtet und entzückt im Angesicht der Heiligen wie ein kostbarer Stein.

Offenbarungen IV 124 (15)

19. April

Meine Braut! Und so werden die Menschen, die meine erwähnten Unterstützungen und Hilfen erhalten, mit Demut des Herzens und sofort geschützt, und fest im Stand der Gnade verharrend bringen sie Gott und mit die Frucht der Süßigkeit. Jene aber, die sie verachten und sich durch Zustimmung vom Wind der Versuchungen neigen, werden aus dem Stand der Gnade herausgerissen und durch unerlaubte Wünsche und Werke bis zu den tiefen ewigen Qualen der Hölle geführt.

Offenbarungen VII 28 (6-7)

20. April

Meine Braut! Die fromme Seele muss Frieden haben mit Gott und mit dem Nächsten. Der wahre Friede und die Geduld gehen hervor aus der Betrachtung der eigenen Schwäche. Denn der Mensch möge betrachten, dass er schnell zornig wird, wenn man ihn beleidigt, dass er sofort Schmerz empfindet, wenn er verletzt wird. Und wenn er so denkt, wird er einem anderen nicht antun, was er selber persönlich nicht ertragen kann.

Offenbarungen II 26 (20, 24)

21. April

Meine Braut! Es schickt sich, dass die Braut mit dem Bräutigam durch Mühen hart geprüft wird, damit sie umso vertrauensvoller mit ihm ruhe.

Offenbarungen I 2 (12)

22. April

Meine Braut! Wie du dich früher gegen meinen Willen an den Neigungen der Welt erfreut hast, so werden dir jetzt verschiedene Gedanken gegen deinen Willen zugelassen. Wenn sich das Herz an sündigen Gedanken nicht erfreut, sondern ihnen Widerstand leistet und sie verabscheut, so sind sie eine Läuterung der Seelen und eine Krone.

Offenbarungen III 19 (2)

23. April

Meine Braut! Wenn du mich hast, brauchst du niemanden zu fürchten. Ich werde mit meinem mächtigen Arm ihre Bosheit hemmen, sodass sie es nicht vermögen, dir zu schaden.

Extravagantes 8 (8)

24. April

Meine Braut! Siehe auch meine Gerechtigkeit am ersten Engel und am ersten Menschen, schaue sie in der Sintflut, schaue sie in der Zerstörung der übrigen Staaten und Städte. Siehe außerdem meine Liebe darin, wie ich meine Feinde ertragen und geduldet habe.

Extravagantes 82 (5)

25. April

Meine Braut! Maria, die Schwester der Martha, muss Gott um Hilfe bitten, damit all ihr Sprechen und Tun von ihm gelenkt und auf ihn gerichtet sein mögen.

Offenbarungen VI 65 (73)

26. April

Meine Tochter! Ich, die Königin der Barmherzigkeit, rufe zu den Bewohnern der Welt, sie sollen die Augen erheben und die Barmherzigkeit sehen. Denn wenn die Gerechtigkeit gekommen sein wird, wird es unmöglich sein, ihr zu widerstehen – So belehrte die Muttergottes die Braut.

Offenbarungen II 19 (95, 97)

27. April

Meine Braut! Der Herr tritt dann in das Haus von Martha und Maria ein, wenn das Gemüt mit guten Regungen erfüllt und im Frieden ist, entfernt vom Lärm weltlicher Belange, wenn der Gedanke an Gott immer gegenwärtig ist, und wenn es über seine Liebe nicht nur betrachtet und meditiert, sondern Tag und Nacht darin sich bemüht.

Offenbarungen VI 65 (103)

28. April

Meine Braut! Wenn jemand, der fasten will, den Wunsch hat, zu essen, aber der Wille dem Wunsch widersteht, und ihm von seinem Oberen, dem er zu gehorchen hat, befohlen würde, aus Gehorsam zu essen, so würde dieses Essen eines größeren Lohnes würdig sein als das Fasten.

Offenbarungen VI 49 (1)

29. April

Meine Braut! Ich habe den Menschen vortrefflicher als alle übrigen Geschöpfe erschaffen, und niemanden habe ich so teuer erkauft wie den Menschen. Und welches Geschöpf hält nicht seine Ordnung ein, mit Ausnahme des Menschen? Aber er ist mir belastender als alle andere Geschöpfe. So wie ich nämlich euch Engel zu meinem Lob und meiner Herrlichkeit erschaffen habe, so habe ich auch den Menschen mir zur Ehre geschaffen. Ich habe ihm ja einen Leib gegeben, gleichsam als geistlichen Tempel, in den habe ich die Seele gesetzt wie einen schönen Engel. In diesem Tempel war ich, sein Gott und Schöpfer, der dritte, an dem er Freude und Genuss haben sollte.

Offenbarungen I 26 (5-7)

30. April

Meine Braut! Niemand wird in den Himmel eingehen, der nicht wie Gold im Fegefeuer geläutert oder in guten Werken durch tägliche Erprobung in der Welt so geübt worden ist, dass an ihm kein Flecken mehr ist.

Offenbarungen I 53 (29)

MAI

Geweiht der jungfräulichen Gottesmutter

1. Mai

Meine Braut! Meine Mutter ist wie eine Blume in einem Garten, welche, obwohl verschiedene duftende Blumen um sie her stehen, sie dennoch alle an Duft, Schönheit und Stärke übertrifft. Diese Blumen sind alle Auserwählten von Adam bis ans Ende der Welt, gepflanzt in den Garten dieser Welt, worunter sie unter alle die vorzüglichste gewesen ist.

Offenbarungen I 52 (4-5)

2. Mai

Meine Braut! Die geistige Freude ist für die Liebhaber Gottes heller als die Sonne und leuchtender als Gold, weil sie die Dunkelheit der Laster durchbrechen und auf den Berg der Geduld steigen.

Offenbarungen II 22 (26)

3. Mai

Meine Braut! „Jener junge Mann hat einen nicht empfehlenswerten Tausch gemacht. Denn er nahm Kot an und gab die kostbarste Perle weg. Er empfing verächtliches Gold und ließ dafür jenes Holz aus der Hand, mit dem er die Widersacher hätte besiegen können." So sprach der Herr zur hl. Birgitta, als jemand einen in Gold gefassten Partikel des heiligen Kreuzes für Gold vertauschte.

Extravagantes 106 (3-4)

4. Mai

Meine Braut! Meine Mutter ist wie die Morgenröte, die in der Klarheit der ganzen Kraft aufgeht. Sie ist wie ein Gestirn, das der Sonne vorangeht, weil sie mit ihrer Milde meiner Gerechtigkeit vorausgeht. Sie ist eine weise Vermittlerin, die Frieden stiftet zwischen jenen, die uneins sind, nämlich zwischen Gott und dem Menschen.

Extravagantes 50 (19)

5. Mai

Meine Braut! Eine Rose duftet lieblich, ist schön anzusehen, sanft beim Berühren, und doch wächst sie nur unter Dornen. So können auch gute und gerechte Menschen, obwohl sie durch Geduld sanft sind und schön in den Sitten, keine Fortschritte machen und sich nicht anders bewähren als unter Bösen.

Offenbarungen I 22 (7-8)

6. Mai

Meine Tochter! Auch du, die du mich siehst, erkenne, dass ich derjenige bin, der ich die goldene Schrift [Bibel] vollkommen verstanden und durch Erkenntnis gemehrt habe. Ich wurde schmählich entblößt, aber weil ich geduldig ausgehalten habe, hat Gott meine Seele mit einem unsterblichen Gewand bekleidet. Ich bin auch in Öl eingetaucht worden, deshalb erfreue ich mich jetzt in dem Öl der ewigen Freude. – So sprach der hl. Johannes zur Braut.

Offenbarungen IV 1 (14-15)

7. Mai

Meine Braut! Meine Worte sind wie Blüten eines guten Baumes, und obwohl alle Blüten aus der einen Wurzel des Baumes hervorkommen, so gelangen doch nicht alle Blüten zum Hervorbringen der Frucht.

Offenbarungen II 24 (7)

8. Mai

Meine Braut! Die Engel betrachten nämlich einer des anderen Schönheit und bewundern die Schönheit aller Seelen und aller Leiber, aber sie sehen, dass die Schönheit deiner [Mariens] Seele über alles ist, was erschaffen worden ist.

Offenbarungen I 51 (17)

9. Mai

Meine Braut! Meine Mutter ist wie eine leuchtende und brennende Flamme, durch welche die erloschenen Leuchter wieder angezündet werden. So werden durch ihre Liebe die wiederbelebt, die in Sünden erstorben waren. Denn die Süßigkeit in ihren Worten ist so groß, dass ich nicht versagen kann, worum sie bittet.

Offenbarungen I 50 (23-24)

10. Mai

Meine Braut! Jeder, der gut ist, ist mir, Gott, alleine bekannt und auch das, was er verdient. Denn vieles erscheint schön, was es nicht ist, und das Gold erprobt das Feuer. Der Gerechte muss aber zuweilen Trübsal erleiden. So wurde auch Ijob geprüft. Und wie ich ihm ohne seine Verdienste mit meiner Gnade zuvorgekommen bin, so habe ich ihn mit Gerechtigkeit und Barmherzigkeit geprüft.

Offenbarungen V, 15. Befragung (36-37, 39)

11. Mai

Meine Braut! Was ist denn die Ehre der Welt anderes als Wind und Beschwerde und Verminderung des göttlichen Trostes? Was aber ist Trübsal anderes als eine Vorbereitung der Tugenden?

Offenbarungen IV 15 (31)

12. Mai

Meine Braut! In meiner Wahrheit sage ich, dass die Reinheit Mariens, die mir mehr gefallen hat als alle Engel, meine Gottheit in sich gezogen hat, so dass sie von der Glut des Geistes entflammt wurde, und durch sie wurde ich, der wahre Gott und Mensch in ihrem Mutterschoß eingeschlossen. Denn so wie die Wärme von der Sonne ausgeht, so wird durch sie alle Barmherzigkeit gegeben und zwar allen, die mit dem Willen, sich zu bessern, um Barmherzigkeit bitten.

Offenbarungen I 50 (10-11)

13. Mai (Vorabend von Christi Himmelfahrt)

Meine Braut! Wie darum nur wenige waren, die den rechten Glauben hatten, als der Sohn Gottes zum Himmel auffuhr, so gibt es jetzt nur wenige, die das Gebot erfüllen: ‚Du sollst Gott lieben über alles, und deinen Nächsten wie dich selbst.‘

Offenbarungen VI 47 (5)

14. Mai

Meine Braut! Der Gehorsam ist eine Tugend, durch welche alles Unvollkommene vollkommen wird. Denn ich habe dem

Vater bis zum Kreuze gehorcht, um durch mein Beispiel zu zeigen, wie Gott die Verleugnung des eigenen Willens gefällt.

Offenbarungen VI 121 (1-2)

15. Mai

Meine Braut! Ich habe mir das christliche Geschlecht erwählt. Diese waren schön durch den Glauben, süß in der Liebe, fruchtbringend durch guten Wandel. Jetzt aber sind sie entartet, scheinen dem Namen nach schön, sind aber dem Wandel nach hässlich und unfruchtbar für Gott und die Seele.

Offenbarungen VI 44 (5-6)

16. Mai

Meine Braut! Das Haupt meiner Mutter war wie glänzendes Gold und die Haare wie die Strahlen der Sonne, da ihre überaus reine Jungfräulichkeit vor meinen Augen in aller Demut geleuchtet hat. Darum wird sie mit Recht eine gekrönte Königin genannt; Königin wegen der Reinheit, gekrönt wegen der ausgezeichneten Würde.

Offenbarungen V, 4. Befragung (5-6)

17. Mai

Meine Braut! Was du bessern kannst, aber wegen eines vergänglichen Gutes und der Gunst der Leute wegen unterlässt, das wird dir zum Gericht und zur Sünde angerechnet werden.

Offenbarungen VI 76 (4)

18. Mai

Meine Braut! Wie die wachsenden Blumen den Tau an sich ziehen, so schließen auch die Tränen, die aus göttlicher Liebe vergossen werden, Gott in die Seele ein, und Gott zieht die Seele an sich.

Offenbarungen IV 81 (18)

19. Mai

Meine Braut! Ich habe viele Freunde, deren Leben mir süßer ist als Honig, köstlicher als jeder Wein, leuchtender vor meinem Angesicht als die Sonne. Trotzdem habe ich, weil es mir so gefallen hat, dich in meinem Geist erwählt, nicht weil du besser als jene wärest oder mit ihnen verglichen werden könntest, oder würdiger an Verdiensten wärest als sie, sondern weil ich es so wollte, der ich aus Unverständigen Weise mache und aus Sündern Gerechte. Darum demütige dich in allem und sei über nichts bestürzt als nur über deine Sünden.

Offenbarungen II 16 (7, 9)

20. Mai

Meine Braut! Meine Mutter ist wie eine reichlich strömende Quelle, aus der den Elenden Barmherzigkeit zufließt. Darum werden alle, die mit dem Willen, sich zu bessern, dich um Barmherzigkeit bitten, Gnade erlangen.

Offenbarungen I 50 (11)

21. Mai

Meine Braut! Als ich nun die Welt verlassen und in den Himmel zurückkehren wollte, hinterließ ich der Welt ein äußerst kostbares Andenken, nämlich meinen heiligsten Leib. Die Priester sind die besonderen Hüter desselben, welche in gewisser Weise durch ihr Amt auch über den Engeln stehen; denn denjenigen, den zu berühren die Engel nie wagen würden, berühren die Priester mit ihren Händen und ihren Lippen.

Offenbarungen IV 58 (6-7)

22. Mai

Meine Braut! Ich habe aus innigster Liebe und mit meinem Blut mir einen Stock von Bienen gegründet, das heißt die heilige Kirche, in welcher sich die Christen durch die Einheit im Glauben und gegenseitiger Liebe sammeln und verweilen sollen. Deren Zellen sind ihre Herzen, in welchen die Süßigkeit guter Gedanken und Regungen wohnen muss, welche gezogen werden sollen aus der Betrachtung meiner Liebe bei der Schöpfung und der Erlösung.

Offenbarungen II 19 (35-37)

23. Mai

Meine Braut! In diesem Bienenkorb, nämlich der heiligen Kirche, gibt es zwei Arten von Menschen wie zwei Arten von Bienen. Die ersten sind die schlechten Christen; Jene Bienen sind unnütz, die träge sind im Flug, zu ungeordneter Zeit ausfliegen und leer heimkommen, ohne Süßigkeit mitzubringen. Wenn der Herbst kommt, das heißt die Zeit der Trennung, werden die unnützen Bienen von den guten abgesondert und mit ewigem Hunger gepeinigt werden. Die guten aber erkennen mich als Oberhaupt an und bieten mir den Honig der Süßigkeit an, das heißt die Werke der Liebe; ihr Wille ist nach meinem Willen, und ihr ganzes Wirken auf meine Ehre hin gerichtet.

Offenbarungen II 19 (38-39, 41, 66, 75)

24. Mai

Meine Tochter! Ich bin bei dem Kreuz gestanden, als der Sohn Gottes durch seines Herzens Blut den Himmel öffnete. Ich war auch auf dem Berg, als er zum Himmel aufgefahren ist. Ich stehe nun in beständigem Gebet über der Welt wie der Regenbogen über der Wolke, der sich auf die Erde hinabzuneigen und sie mit seinen beiden Enden zu berühren scheint.

Offenbarungen III 10 (8-10)

25. Mai

Meine Braut! Achte darauf, dass du gegenüber denen, die dich verspotten und verachten, keine Zeichen von Zorn oder Ungeduld zeigst, sondern segne die dich verfolgen, und Gott selber wird dir Segen für Fluch geben.

Offenbarungen VI 65 (30)

26. Mai

Meine Braut! Du sollst wissen, dass Menschen kommen, wenn es mir gefallen wird, die mit Freude die Worte dieser himmlischen Offenbarungen, die dir zuteil wurden, annehmen werden. Wenn auch vielen meine Gnade wegen ihrer Undankbarkeit entzogen worden ist, so werden dennoch andere kommen, die sich an ihrer Stelle erheben, und sie werden meine Gnade empfangen.

Offenbarungen VII 31 (7, 8)

27. Mai

Meine Braut! Maria ist das Gefäß der Reinheit, in dem das Brot der Engel lag, und in dem alle Süßigkeit und Schönheit ist. In welcher Not ein Mensch sich auch befinden mag, er wird errettet werden, wenn er sie mit ganzem Herzen anruft.

Offenbarungen I 31 (7)

28. Mai

Meine Braut! Die Augen meiner Mutter waren so leuchtend vor dem Angesicht meines Vaters, dass er sich in ihnen spiegelte; denn in ihrem geistlichen Antlitz und in der Erkenntnis ihrer Seele sah der Vater ihren ganzen Willen, der nichts wollte als ihn. Wahrlich, über die Schönheit ihrer Sitten freute sich Gott, mein Vater, und wandte niemals seine Augen von ihr ab, und aus ihrer Liebe haben alle Liebe erlangt.

Offenbarungen V, 9. Befragung (8, 11)

29. Mai

Mein Braut! Meine Mutter übertrifft alle Heiligen an Tugend. Denn wenn auch die Engel rein sind, so ist sie dennoch reiner. Und wenn auch die Propheten vom Heiligen Geist erfüllt waren, wie vieles die Märtyrer auch erlitten haben, völliger und feuriger war doch in meiner Mutter der Geist, und sie war mehr als ein Märtyrer.

Offenbarungen IV 92 (4)

30. Mai

Meine Braut! Maria ist wie die Morgenröte, die mit Klarheit hervortritt. Sie hat über alle Himmel gestrahlt, Ihr Licht und ihre Klarheit übertrifft alle Engel. Durch ihre Klarheit hat sie die wahre Sonne, das heißt meine Gottheit, an sich gezogen und zwar so sehr, dass die Sonne meiner Gottheit in sie einging. Von deren Glanz wurde sie mehr als alle durch meine Weisheit erleuchtet.

Offenbarungen I 50 (7-8)

31. Mai

Meine Tochter! Ich, die Mutter der Barmherzigkeit, bin gar sehr einer Blume ähnlich, aus der die Bienen vor allem Süßigkeit heraussaugen, von der, soviel auch immer gesammelt werden mag, dennoch ihr immer noch Süßigkeit zurückbleibt. So kann ich für alle Menschen Gnaden erreichen und habe immer Überfluss.

Offenbarungen IV 86 (1-3)

JUNI
Geweiht dem göttlichen Herzen Jesu

1. Juni (Vorabend des Herz-Jesu-Festes)

Meine Tochter! Das Herz meines Sohnes ist überaus süß wie Honig und ganz rein wie die reinste Quelle, denn aus ihm geht alles, was tugendhaft und gut ist, wie aus einer Quelle hervor. Seine Liebe fließt nicht wie Wasser, sie ist vielmehr ausgedehnt und dauerhaft, denn seine Liebe bleibt dem Menschen bis zum letzten Augenblick. So sprach die Muttergottes zur Braut.

Offenbarungen IV 101 (1, 3)

2. Juni

Meine Braut! Was ist das wahre Versprechen, das der Mensch mir zu geloben hat? Ja doch das Werk der Liebe, dass der Mensch alles, was immer er tut, aus Liebe zu Gott tut. Aber das hat er verschmäht, als er die Gottesliebe in die Eigenliebe verkehrte.

Offenbarungen II 9 (13-14)

3. Juni

Meine Braut! So wie jeder Baum solche Frucht trägt, wie beschaffen Wurzel und Stamm sind, so wird jeder Mensch nach der Absicht seiner Handlungen beurteilt werden.

Offenbarungen IV 67 (10)

4. Juni

Meine Braut! Von diesem Tag an will ich, dass du öfter meinen Leib empfängst. Dieser ist nämlich eine Arznei und eine Speise, durch welche die Seele gekräftigt wird.

Offenbarungen VI 29 (1-2)

5. Juni

Meine Braut! Als ich getauft war, tat sich der Himmel auf, die Stimme des Vaters war zu hören, der Heilige Geist erschien in Gestalt einer Taube, und ich, der Sohn Gottes, wurde im wahren Menschen gezeigt, damit alle Gläubigen wissen und glauben, dass der Vater den getauften Gläubigen den Himmel öffnet.

Offenbarungen V, 10. Befragung (35)

6. Juni (Vorabend des Pfingstmontags)

Meine Braut! Dort, wo der Heilige Geist wohnt, wird alle weltliche Lust verschmäht und alle weltliche Ehre als lästig empfunden werden. Und so groß ist in jenen Herzen die Stärke und Härte des Geistes Gottes, dass sie durch keine Ungeduld gebrochen, durch keine Widerwärtigkeit niedergeworfen, durch kein Glück über sich erhoben wird.

Offenbarungen IV 67 (6-7)

7. Juni (Vorabend des hl. Pfingstfestes)

Meine Braut! Wie du jetzt das Feuer auf den Altar niederfahren siehst, so kam in ähnlicher Weise mein Heiliger Geist an einem solchen Tag wie heute in meine Apostel und entflammte ihre Herzen. Und wiederum erblickte die Braut in der Hand des Priesters bei der Erhebung der Eucharistie einen Jüngling von wunderbarer Schönheit, der sagte: „Ich segne euch, die ihr glaubt; denen aber, die nicht glauben, werde ich zum Richter werden."

Offenbarungen VI 86 (2, 4)

8. Juni

Meine Braut! Wie du weißt, ist es für den, der das Hohe sucht, notwendig, dass er zuerst das Starke tut und das Demütige übt. Zunächst muss er Demut haben. Durch diese wird die Hoheit erlangt.

Offenbarungen VI 42 (12-13)

9. Juni

Meine Braut! Viele sind weise nach Ansicht der Welt und ihren Begierden, aber ganz unwissend in Bezug auf die Gebote Gottes. Andere sind unverständig für die Freuden der Welt und ihre Ehre und weise im Betrachten dessen, was Gottes ist, und glühend im Gehorsam ihm gegenüber. Sie sind wahrhaft weise, weil sie immer daran denken, wie sie zum wahren Leben und zum wahren Licht gelangen können.

Offenbarungen II 25 (38, 40-42)

10. Juni

Meine Braut! Der gute Wille wird durch meine Gnade vorbereitet und eingegeben, er wird durch Gebet und meine Güte vermehrt, er wird durch die gute Tat und meine Süßigkeit vollzogen. Wer ihn mir aber so darreicht, wird den besten Lohn haben. Denn der Strom aller Süßigkeit wird sich in seinen Mund ergießen, seine Seele aber wird ewiger Glanz erleuchten.

Offenbarungen IV 129 (80-81)

11. Juni

Meine Braut! Wer den Heiligen Geist nicht hat und seiner Süßigkeit entbehrt, ist unfruchtbar und unnütz, er fällt und vergeht. Der Heilige Geist aber entzündet den, in dem er wohnt, mit göttlicher Liebe und öffnet ihm den Sinn des Verständnisses.

Offenbarungen II 19 (50-51)

12. Juni

Meine Braut! Wer von den Heiligen hat die Süßigkeit des Geistes gehabt, der nicht vorher Bitterkeit kennen gelernt hat? Wer also Süßigkeit begehrt, wird nicht vor dem Bitteren weichen.

Offenbarungen V, 2. Befragung (1-2)

13. Juni

Meine Braut! Wie hätten nämlich alle Auserwählten Gottes etwas so Steiles und Bitteres beginnen können, wenn nicht der Heilige Geist am guten Willen des Menschen wie an einem guten Werkzeug mitgewirkt hätte? Nachdem sie aber den Trost des Geistes erlangt hatten, erhielten sie auch bald das Gold der göttlichen Liebe und Freude, durch welches sie viele Widerwärtigkeiten und Leiden ertrugen.

Offenbarungen II 22 (23, 25)

14. Juni (Vorabend vom hl. Dreifaltigkeitsfest)

Meine Braut! Wie du in jeder einzelnen Farbe die übrigen gesehen hast und auch nicht die eine ohne die andere hast sehen können und in den Farben nichts früher oder später, nicht größer oder kleiner war, so ist in der Dreifaltigkeit nichts früher oder später, größer oder kleiner, getrennt oder gemischt, sondern ein Wille, eine Ewigkeit, eine Macht und eine Herrlichkeit.

Offenbarungen VIII 48 (230)

15. Juni

Meine Braut! Jeder, der mich empfängt, empfängt meine Gottheit und meine Menschheit und die Gestalt des Brotes. Was ist denn Gott anderes als Leben und Süßigkeit, erleuchtendes Licht, erfreuende Güte, richtende Gerechtigkeit, rettende Barmherzigkeit?

Offenbarungen IV 63 (21-22)

16. Juni

Meine Braut! Welch größere Liebe kann ich zeigen, als wenn ich, der Allerreinste, in das unreinste Gefäß eingehe, wenn ich auch, wie die irdische Sonne, von niemandem verunreinigt werden kann?

Offenbarungen II 2 (20)

17. Juni

Meine Braut! Keine von meinen Freunden sind getäuscht worden, die mich weise geliebt haben. Sondern jene, die auf ihre Abstinenz und Gerechtigkeit stolz waren und sich anderen vorzogen, die sind getäuscht worden.

Offenbarungen VI 92 (3)

18. Juni

Meine Tochter! Jenes Brot, das auf den Altar gelegt wird, und vor den Worten ‚Das ist mein Leib' Brot ist, wird aber, nachdem diese Worte gesprochen sind, in den Leib meines Sohnes verwandelt, den er von mir ohne Makel angenommen hat. Dann wird der Vater geehrt und angebetet im Geist in den Gliedern seines Sohnes, und der Sohn frohlockt in der Macht und Majestät des Vaters; seine Mutter, die ich bin, wird vom ganzen himmlischen Heer geehrt. Die Seelen der Gerechten sagen Dank, weil sie durch ihn erlöst sind. O wie schrecklich ist es für die Elenden, welche einen solchen und höchst würdigen Herrn mit unwürdigen Händen behandeln! – So sprach die Muttergottes zur Braut!

Offenbarungen VI 10 (29-31)

19. Juni

Meine Braut! Ich gebe aus großer Liebe allen jenen, die getauft sind und vor Erreichen des Verstandesgebrauchs sterben, das Himmelreich. Aus meiner Güte heraus erweise ich auch den Kindern der Heiden Barmherzigkeit. Sie konnten zwar nicht zur Erkenntnis meines Angesichts gelangen, werden aber an einen gewissen Ort kommen, wo sie ohne Pein verweilen werden.

Offenbarungen II 1 (23-24)

20. Juni

Meine Braut! Wie also der Schwache durch körperliche Speisen an leiblichen Kräften zunimmt, so wächst jeder an geistlicher Kraft, der diesen meinen Leib in der rechten Absicht empfängt. Das ist die stärkste Arznei, die in die Seele eingeht und sie sättigt.

Offenbarungen VI 29 (6-7)

21. Juni

Meine Braut! Ich bin derselbe, bin täglich auf dem Altar, aber man sagt: ‚Wir haben Ekel und Widerwillen vor jener Speise.‘ Was für eine größere Undankbarkeit kann es wohl geben?

Offenbarungen IV 61 (25)

22. Juni

Meine Braut! Ich werde nämlich meine Freunde schicken, die meinen Sohn Salomo, das heißt die Heiden, in den Hain führen mögen, das heißt die Kirche. Und sie werden auf meinem Stuhl ruhen, das heißt im rechten Glauben der heiligen Kirche.

Sie werden sich über das ewige Erbe und die Süßigkeit freuen, die schlechten Christen aber werden im Elend seufzen, das für sie in der Gegenwart beginnt und in Ewigkeit dauern wird.

Offenbarungen II 5 (33-34)

23. Juni

Meine Braut! Auch der Böse empfängt die nämliche Gottheit, aber die urteilende, nicht die milde, denn ich entweiche nach seinem Empfang des Sakramentes mit Gottheit und Menschheit.

Offenbarungen IV 63 (24-25)

24. Juni

Meine Braut! Wahrlich, ich sage dir, Johannes der Täufer glich einem Rohr voll Süßigkeit und Honig, denn in seinen Mund gelangte niemals etwas Unreines hinein, und er nahm nie mehr zu sich als das zum Leben notwendige Maß. Darum darf er wohl ein Engel und jungfräulich genannt werden.

Offenbarungen I 20 (13)

25. Juni

Meine Braut! Wenn zwei Lohnarbeiter auf Befehl ihres Herrn einen überaus schweren Berg durchgraben würden, und der eine fände auserlesenes Gold, der andere aber nichts, so würden beide wegen ihrer Arbeit und ihres Willens des gleichen Lohnes würdig sein.

Offenbarungen IV 21 (14)

26. Juni

Meine Braut! Denn wenn ich auch will, dass alle heil werden, so wird das dennoch nicht vollbracht, wenn der Mensch nicht persönlich mitgewirkt hat, indem er seinen ganzen Willen dem meinigen gleichförmig macht. Dass aber nicht allen der gleiche Fortschritt und die Gnade gegeben werden, das ist mein verborgener Ratschluss, denn ich weiß und teile einem jeden zu, was ihm nützt und gebührt.

Offenbarungen V, 13. Befragung (56-57)

27. Juni (Vorabend des Fronleichnamfestes)

Meine Braut! Mein Leib wird auch jetzt noch täglich auf dem Altar geopfert, damit der Mensch mich um so mehr liebe und öfter an meine Wohltaten denkt. Aber jetzt bin ich ganz vergessen, vernachlässigt und verachtet und wie ein König, der aus seinem eigenen Reich vertrieben worden ist.

Offenbarungen I 1 (3, 4)

28. Juni

Meine Braut! So lange Seele und Leib vereint sind, steht meine Barmherzigkeit dem Menschen offen.

Offenbarungen I 13 (6)

29. Juni

Meine Braut! Dem hl. Petrus ist seine Zunge der Schlüssel zum Himmelreich geworden, und sein Name ist gesegnet im Himmel und auf Erden. Die aber ihre Namen auf Erden genannt sehen, bleiben zwar auf Erden ungestraft, aber im Buch der Gerechtigkeit werden sie auf schreckliche Weise beschrieben.

Offenbarungen IV 76 (23-24)

30. Juni

Meine Braut! Dem Paulus aber habe ich gegeben, dass er dem Petrus an Herrlichkeit und Ehre gleich sei. Und so, wie sie auf Erden gleich und verbunden waren, so sind sie auch jetzt im Himmel in ewiger Herrlichkeit verbunden und verklärt.

Offenbarungen VIII 1 (29-30)

JULI
Geweiht dem kostbaren Blut Christi

1. Juli

Meine Braut! Ich bin einem Menschen ähnlich, der um einen hohen Preis einen kleinen Acker kaufte, weil in ihm Gold verborgen war. Dieser Acker ist der Mensch, den ich mit meinem überaus kostbaren Blut erkauft und erlöst habe. In ihm war kostbares Gold, das heißt eine von meiner Gottheit geschaffene Seele.

Offenbarungen VI 21 (3-4)

2. Juli

Meine Tochter! Als der Engel mir ankündigte, der Sohn Gottes solle aus mir geboren werden, ging ich, mich heftig verwundernd, sogleich hinauf zu meiner Verwandten Elisabeth, die gesegneten Leibes war, um sie zu trösten und mit ihr über das zu sprechen, was mir der Engel verkündet hatte. Als Elisabeth die Inbrunst des Geistes bewunderte, der in mir redete, und ich in ähnlicher Weise an ihr die Gnade Gottes bewunderte, priesen wir beide Gott und blieben einige Tage beieinander. – So sprach die Muttergottes zur Braut.

Offenbarungen VI 59 (1, 4)

3. Juli

Meine Braut! Darum flüchte dich in den Mantel meiner Demut und halte dich für eine größere Sünderin als alle andere. Denn auch, wenn du andere böse Menschen siehst, weißt du nicht, was morgen mit ihnen sein wird. Du weißt auch nicht, mit welcher Absicht oder welchem Wissen sie handeln, ob aus Schwachheit oder mit Fleiß. Darum sollst du dir vor keinem anderen Vorzug geben, und du sollst niemanden in deinem Herzen richten.

Offenbarungen II 23 (42-43)

4. Juli

Meine Braut! Wie ein Baum viele Äste hat, die aber, die höher liegen, mehr von der Wärme und dem Wind empfangen, so ist es auch mit den Tugenden. Die Liebe ist ja wie ein Baum, von welchem alle Tugenden ausgehen, unter welchen der Gehorsam die oberste Stelle einnimmt. Darum ist mir auch jener Mensch der liebste Freund, der sich aus Demut anderen unterwirft und seinen Willen gänzlich in die Hände anderer legt.

Offenbarungen VI 120 (1-3)

5. Juli

Meine Braut! Wer immer von Schande übergossen wird aus Widerspruch wegen der Worte Gottes und es geduldig erträgt, eine solche Schande schmückt die Seele überaus schön. Wenn aber jemand seinen Leib ermüdet für die Ehre Gottes, so wird davon seine Seele Süßigkeit haben und geschmückt werden.

Offenbarungen VI 47 (1)

6. Juli

Meine Schwester! Die Schrift, die ihr die Heilige nennt, sagt so, dass kein Werk ohne Vergeltung bleiben wird. Das ist die

Schrift, die bei euch die Bibel genannt wird, bei uns aber ist sie leuchtend wie die Sonne, die unvergleichlicher als Gold widerstrahlt, fruchtbringend wie ein Samenkorn, das aus sich hundertfältige Frucht trägt. So wie nämlich das Gold alle anderen Metalle übertrifft, so übertrifft die Schrift, die ihr die Heilige nennt – wir aber nennen sie die goldene – alle Schriften, weil in ihnen der wahre Gott geehrt und gepredigt wird, der Patriarchen Werke entfaltet und die Eingebungen der Propheten erklärt werden. So sprach der hl. Johannes zur Braut.

Offenbarungen IV 1 (2-5)

7. Juli

Meine Braut! Du sollst sein wie ein gut verwurzelter Baum, dessen Hauptwurzel der gute Wille nach dem Willen Gottes ist. Aus dieser Wurzel des Willens gehen so viele Tugenden hervor, als Wurzeln am Baum sind. So muss dein Wille stark sein in der Geduld, kräftig in der göttlichen Liebe, tief eingedrückt in die wahre Demut.

Offenbarungen VI 30 (3-4, 6)

8. Juli

Meine Braut! Du bist beunruhigt, weil du kein angemessenes Haus hast finden können. Du sollst aber wissen, dass ich das zu deinem Besten und zu deiner größeren Krone gegeben habe.

Extravagantes 107 (6)

9. Juli

Meine Braut! Geh und gib dem Körper das mäßige Notwendige, weil es mir so gefällt, dass das Fleisch den mäßigen Unterhalt habe und die Seele nicht wegen seiner Schwäche von geistlichen Dingen abgehalten werde.

Offenbarungen VI 91 (2)

10. Juli

Meine Braut! Wer immer auch sich nicht bessert, solange er dazu noch Zeit hat, und sich wissentlich von Gott abwendet, den wird der Vater nicht verteidigen, noch wird ihm der Sohn gnädig sein, noch wird ihn der Heilige Geist entzünden.

Offenbarungen IV 85 (3)

11. Juli

Meine Braut! Welcher Ort ist heiliger als Jerusalem, wo ich, Gott selber, meine Fußspuren eingedrückt habe? Welcher Ort ist jetzt verächtlicher, weil er von Ungläubigen bewohnt und mit Füßen getreten wird? Dennoch finden alle, die nach Jerusalem kommen, dieselbe Gnade und denselben Ablass wie früher.

Offenbarungen IV 114 (21)

12. Juli

Meine Braut! Du musst einen Mund haben, der rein ist von übler Nachrede, Ohren, die verschlossen sind für leeres Gerede, keusche Augen, und Hände, die tätig sind im Guten.

Offenbarungen V, 1. Befragung (1)

13. Juli

Meine Braut! Derjenige aber ist demütig, der, wie weit er auch fortgeschritten sein und Gutes getan haben mag, es für nichts achtet und nicht auf seine Verdienste vertraut.

Offenbarungen VI 69 (2)

14. Juli

Meine Braut! Fürchte die Geister nicht, die du siehst, denn ihre Hände, d.h. ihre Gewalten, sind gebunden, und sie können ohne meine Zulassung nicht mehr als das Stroh vor deinen

Füßen. – So sprach der Herr, als die hl. Birgitta vor Schrecken entsetzt war bei einer Vision von der Hölle.

Offenbarungen VI 75 (7)

15. Juli

Meine Braut! Warum freut es dich, von den Werken der Weltleute und von den Kriegen der Vornehmen zu hören, und warum beschäftigst du dich mit solch eitlem Zuhören? Wenn du aber die Taten der Herren hören und großartige Werke betrachten wolltest, so solltest du meine Taten betrachten und hören, die für den Verstand unbegreiflich, für das Denken staunenswert und für das Gehör wunderbar sind.

Offenbarungen VI 27 (1-2)

16. Juli

Meine Braut! Meine Mutter ist die Königin des Himmels, die Mutter der Barmherzigkeit, der Trost derer, die sich im Fegefeuer befinden, die Freude derer, die durch die Welt pilgern. Sie ist die Herrin der Engel.

Offenbarungen I 16 (4)

17. Juli

Meine Braut! Dies ist eine Kammer des Heils, in der du hohe Dinge verdienen und hinzulernen können wirst, dass du, wie du früher in hohen und schönen Häusern gewohnt hast, jetzt wirst erfahren können, was meine Heiligen erlitten, die in Höhlen wohnten. – Dies sprach der Herr zur hl. Birgitta, als ihr eine schlechte Hütte zum Bewohnen angewiesen wurde.

Extravagantes 97 (3)

18. Juli

Meine Braut! Der Teufel legt dort den Haken aus, wo man sich zu wenig hütet, wenn der Mensch auf seine Gedanken und Neigungen nicht achtet, wenn er die Art seiner Versuchungen nicht in Betracht zieht, wenn er so auf den Nutzen des Nächsten und des Fleisches bedacht ist, dass er nicht auf das Heil seiner Seele achtet.

Offenbarungen IV 107 (26-27)

19. Juli

Meine Braut! Weil die Seele das himmlische Bild Gottes in sich trägt, soll sie nie Geschmack oder Freude am Fleischlichen findet, damit sie nicht dem Bild des Teufels gleichförmig wird. Sie soll glühend in der Gottesliebe sein, weil sie Schwester der Engel, unsterblich und ewig ist.

Offenbarungen VI 66 (27-28)

20. Juli

Meine Braut! Ich züchtige nämlich den Menschen zuerst durch zeitliche Trübsal, durch Krankheit und was seinem Willen entgegen ist, und wenn er sich dann nicht bessern will, nehme ich meine Barmherzigkeit von ihm und übergebe ihn der Strafe, die ihm aus Gerechtigkeit bereitet worden ist.

Offenbarungen VI 22 (22)

21. Juli

Meine Braut! Ich habe an dir getan, wie es ein Bräutigam zu tun pflegt, der sich vor seiner Braut verbirgt, um desto mehr von ihr ersehnt zu werden. So habe ich dich in dieser Zeit nicht mit Tröstungen heimgesucht, weil es die Zeit deiner Prüfung war.

Offenbarungen VII 31 (2)

22. Juli

Meine Braut! Als aber Maria Magdalena bekehrt worden war, sprachen die Teufel: „Wie werden wir sie wieder zurückbringen? Eine fette Beute haben wir verloren. Sie wäscht sich dermaßen mit dem Wasser ihrer Tränen, dass wir nicht wagen, unseren Blick auf sie zu heften. Sie ist so feurig und heiß im Dienst Gottes und der Heiligkeit, dass wir nicht wagen, ihr nahe zu kommen."

Offenbarungen IV 108 (7-8)

23. Juli

Meine Braut! Daher komme du, die nun erprobt ist, heran und bereite dich, denn es ist Zeit, dass das erfüllt werde, was ich dir versprochen hatte. Von nun an wirst du nicht nur als meine Braut, sondern auch als eine Nonne und Mutter in Vadstena betrachtet. Gleichwohl sollst du wissen, dass du deinen Leib hier in Rom niederlegen wirst, bis er an den Ort kommen wird, der ihm bereitet ist, weil es mir gefällt, dich deiner Mühen zu entheben und den Willen für die Tat zu nehmen.

Offenbarungen VII 31 (3-4)

24. Juli

Meine Braut! Ich werde dir nämlich statt der Ergötzung des Fleisches den Jubel der Seele geben, statt der Annehmlichkeit der Welt die Lieblichkeit des Himmels, statt der Ehre der Welt die Ehre der Engel, statt des Anblicks der Eltern die Anschauung Gottes, statt des Besitzes von Gütern mich selber, den Geber und Schöpfer von allem.

Offenbarungen I 32 (1)

25. Juli

Meine Tochter! Die Kirche hat sich zuerst in Trübsal und Armut erhoben, damit Gott ihre Erbschaft sei und sie sich nicht der Welt, sondern Gottes rühmen könnte. Aber, Tochter, hätte er nicht Könige und Fürsten zu Aposteln wählen und durch sie die Kirche mit irdischem Erbe bereichern können? Deshalb begann er mit einem armen Fischer die überaus schöne Einrichtung der Kirche und setzte ihn an seine Stelle, damit er vom Anteil des Herrn; nicht von dem Erbe dieser Welt leben sollte. – So sprach die Muttergottes zur Braut.

Offenbarungen IV 76 (15-16, 18)

26. Juli

Meine Braut! Welch kostbaren Schatz hat die ehrwürdige Mutter Anna in ihrem Leib getragen, als Maria in ihm ruhte, die die Gottesmutter werden sollte. Darum kann die Mutter Anna in der Tat eine Schatzkammer des allmächtigen Gottes genannt werden, weil sie in ihrem Schoß den Schatz barg, der ihm über alles lieb war.

Sermo Angelicus 10 (14, 16)

27. Juli

Meine Braut! Was denkt der Mensch auf der Erde? Etwa, dass der Gottessohn gelogen hat, als er sagte, dass der Mensch hinsichtlich des kleinsten Geldstücks beim Gericht Rechenschaft ablegen wird? Doch ich gehe noch darüber hinaus und sage, dass der Mensch über jeden Zeitpunkt, alles Geld, Speise und Trank, und hinsichtlich aller Gedanken und Worte Rechenschaft ablegen muss.

Offenbarungen VI 70 (10-11)

28. Juli

Meine Braut! Wer aber einen mir entgegengesetzten Willen hat, der leidet in der Gegenwart Trübsal, weil er nicht vollbringen kann, was er sucht, und noch dazu wird er für seinen bösen Willen in der Zukunft bestraft werden. Wenn er seinen Willen mir übergeben würde, dann hätte er leicht alles, was ihm widerfährt, erdulden können.

Offenbarungen VI 30 (15)

29. Juli

Meine Braut! Die hl. Martha gab sich selber freudig hin und folgte meinen Worten und Werken, und dann gab sie alle Güter aus Liebe zu mir hin. Und darum verabscheute sie zeitliche Güter und suchte nach himmlischen, und sie erlitt alles geduldig und sorgte für andere wie für sich selber. Darum dachte sie immer an meine Liebe und an mein Leiden und war froh in der Trübsal.

Offenbarungen VI 65 (92-93)

30. Juli

Meine Braut! Ich bin in dem, dem du zum Gehorsam untergeben bist, und darum wird dir jede Stunde, jeder Augenblick, in dem du mit deinem Willen dem Gehorsam zustimmst und mit dem Willen gehorchen willst, wenn auch das Fleisch zuweilen widerstrebt, dir zum Lohn angerechnet werden.

Offenbarungen VI 43 (3)

31. Juli

Meine Braut! Der Weg, den der Mensch unter größerer Trübsal zur Ehre Gottes wandelt, wird ihm bei Gott ein größeres Entgelt verschaffen als jener Weg, der unter geringerer Trübsal zurückgelegt wird.

Extravagantes 63 (6)

AUGUST

Geweiht der Verklärung Christi

1. August

Meine Braut! Geh zum Papst und sage ihm von meiner Seite aus: Ich habe dir die Regel des Ordens gesandt, welcher an dem Ort Vadstena in Schweden gegründet und angefangen werden soll und die von meinem Mund ausgegangen ist. Ich habe sie mit einer geistlichen Mitgift ausgerüstet, nämlich indem ich die Ablässe bewilligte, die in der Kirche San Pietro in Vincoli zu Rom verliehen sind. Du musst also vor den Menschen bestätigen, was vor meiner himmlischen Heerschar beschlossen worden ist.

Offenbarungen IV 137 (3, 5)

2. August

Meine Braut! Weil mein Freund Franziskus die Lauheit der Menschen Gott gegenüber und ihr Verlangen nach der Welt gesehen hat, hat er heftigen Schmerz empfunden. Deshalb hat er von mir ein Zeichen der Liebe erbeten, durch welches der Mensch zur Liebe entzündet würde. Ihm, der aus Liebe bat, habe ich ein Zeichen gegeben, nämlich dass alle, die leer an seine Stätte (Portiuncula) kommen würden, mit meinem Segen erfüllt und von ihren Sündern erlöst würden.

Extravagantes 90 (5-6)

3. August

Meine Tochter! Und weil du dich über meine Herrlichkeit freust, darum wird dir mein Gebet nützen zur Erlangung einer größeren Erkenntnis Gottes, und der Geist Gottes wird bei dir bleiben. – So sprach der hl. Stephanus zur Braut.

Offenbarungen VI 108 (8)

4. August

Meine Tochter! Sicher hatte der hl. Dominikus meinen Sohn als seinen liebsten Herrn und hat mich, seine Mutter mehr geliebt als sein eigenes Herz. Gott hatte Mitleid mit seinen Tränen und gab ihm ein Gesetz und eine Lebensregel ein, in welcher der Heilige gegen die Übel der Welt gute Dinge einrichtete.

Offenbarungen III 17 (1, 3)

5. August

Meine Tochter! Wer immer Sorge darauf verwenden will, dass die Grundfeste der Kirche gefestigt und jener gesegnete Weinberg, den Gott mit seinem Blut gegründet hat, erneuert werde, und wenn er sich als ungenügend ansieht, so will ich, die Königin des Himmels, ihm zu Hilfe kommen. Unter dem Weinberg verstehe ich aber die Kirche Gottes, in welcher zwei Dinge, nämlich Demut und Gottesliebe, erneuert werden müssen.

Offenbarungen III 10 (14-16)

6. August

Meine Braut! Siehe mich schließlich als den Schönsten und den Hässlichsten. Den Schönsten auf dem Berg (Tabor), den

Hässlichsten am Kreuz, weil ich da weder Schönheit noch Schmuck hatte.

Extravagantes 82 (12)

7. August

Meine Braut! Die Liebe ist ja ein so großes Gut, dass auch der geringste Gedanke nicht ohne Vergeltung bleiben wird, umso mehr ein gutes Werk.

Offenbarungen VIII 40 (4)

8. August

Meine Braut! Jeder Mensch hat Eingebungen und Heimsuchungen, bisweilen vom guten und manchmal vom bösen Geist, aber es gibt keinen, der, solange er lebt, nicht von Gott besucht wird.

Offenbarungen VIII 48 (100)

9. August

Meine Braut! Wer nicht dafür sorgt, auch für eine lässliche Sünde Gott um Verzeihung zu bitten, dem verschmähe ich es auch, die Sünde nachzulassen. Und so wird durch die Ausübung der vermehrten Sünden das, was durch Reue nachzulassen möglich und gering war, aus Nachlässigkeit und Verachtung sehr schwer.

Offenbarungen III 19 (8-9)

10. August

Meine Tochter! Als der hl. Laurentius über die Kohlen ausgestreckt wurde und das Feuer alle seine Glieder in Flammen setzte, richtete er seine Augen gen Himmel und sprach: ‚Gepriesen seist du, mein Gott und mein Schöpfer, Jesus Christus! Ich erkenne, dass ich in meinen Tagen nicht gut gelebt habe; ich erkenne auch, dass ich zu deiner Ehre gar wenig getan habe. Darum, weil deine Barmherzigkeit überaus groß ist, bitte ich dich, du mögest nach deiner Barmherzigkeit mit mir verfahren.' Und bei diesen Worten trennte sich seine Seele vom Leibe. Siehe, meine Tochter! Der, der meinen Sohn so zärtlich geliebt hat, der für seine Ehre solches erduldet hat, hat sich noch für unwürdig erklärt, den Himmel zu erlangen. Wie würdig sind dann jene, die nach ihrem eigenen Willen leben?

Offenbarungen II 26 (5-8)

11. August

Meine Braut! Ich bin dir mit der Süßigkeit meiner Gnade zuvorgekommen, damit der Teufel deine Seele nicht beherrsche.

Offenbarungen IV 74 (1)

12. August

Meine Braut! Tatsächlich sind die Leiber meiner Heiligen, seien sie vermodert oder noch unversehrt, seien sie in Asche und Staub verwandelt oder nicht, wahrhaftig mein Schatz. Die höchste Freude meines Herzens ist es, allen, die die Stätten der Heiligen besuchen und ihre Reliquien verehren, ewige Belohnungen zukommen zu lassen nach Willen, Glaube und Mühe derer, die sie besuchen.

Offenbarungen VII 4 (4, 6)

13. August

Meine Tochter! Die ganze Zeit hindurch, die ich nach der Himmelfahrt meines Sohnes noch auf Erden gelebt habe, habe ich jene Stätten besucht, an denen er seine Wunder gewirkt und dann gelitten hat. Sein Leiden war ja so stark meinem Herzen eingeprägt, dass es immer gleich frisch in meinem Gedächtnis stand. – Dies teilte die Muttergottes der Braut mit.

Offenbarungen VI 61 (3-4)

14. August

Meine Tochter! Als eines Tages mein Geist verzückt war in der Bewunderung der Liebe Gottes, da wurde meine Seele in der Betrachtung selber mit solch einem Jubel erfüllt, dass sie sich kaum zu fassen vermochte und in der Betrachtung selber vom Körper losgelöst wurde. Was und welch Herrliches meine Seele nun erblickte, und mit welcher Ehre sie der Vater, der Sohn und der Heilige Geist ehrten, von welcher Menge Engeln sie emporgetragen wurde, kannst du nicht fassen; ich kann es dir auch nicht sagen, bevor deine Seele und dein Leib voneinander getrennt werden.

Offenbarungen VI 62 (4-5)

15. August

Meine Tochter! Nachdem mein Sohn in den Himmel aufgefahren war, lebte ich noch fünfzehn Jahre in der Welt. Dann wurde ich unter unendlicher Ehre und Freude in den Himmel aufgenommen und mit solchen Gewändern bekleidet, in die mein Sohn und Herr Jesus Christus gekleidet ist. Ebenso sollst du wissen, dass kein menschlicher Körper im Himmel ist außer dem verherrlichten Leib meines Sohnes und der meine. – So offenbarte die Muttergottes der Braut.

Offenbarungen VII 26 (2-5)

16. August

Meine Braut! Jene aber, die meinen Willen tun, werden in das Land eingehen, das von Milch und Honig fließt, das heißt in die himmlische Herrlichkeit. Ich werde meine Freunde sättigen nicht mit der Süße des Honigs, sondern sie erfüllen mit unaussprechlicher und wunderbarer Süßigkeit.

Offenbarungen VI 27 (7-8)

17. August

Meine Braut! Ihr müsst Gott bitten, dass die Liebe, die ihr zu ihm habt, bis zu eurem Tod täglich in euch vermehrt werde.

Offenbarungen VII 5 (1)

18. August

Meine Tochter! Erinnerst du dich nicht, wie mein Sohn dir in Jerusalem gesagt hat, dass dir deine Sünden vergeben sind, sobald du in die heilige Kirche seines Grabes eintratest. Aber er hat dir nicht gesagt, dass du nichts mehr leiden solltest. – Dies gab die Muttergottes der Braut zu bedenken.

Extravagantes 67 (4)

19. August

Meine Braut! Jener Mensch hat sich selbst in der Gewalt, welcher den ungeordneten Regungen seines Fleisches Widerstand leistet, sich vernünftig kasteit und nicht glaubt, dass er durch die Werke seiner Gerechtigkeit den Himmel erlangt, sondern durch die Barmherzigkeit Gottes.

Offenbarungen VI 69 (3)

20. August

Meine Braut! Wenn der Leib irgendeines Menschen die Gottheit sähe, würde er wie Wachs vor dem Feuer zerschmelzen, und die Seele würde sich in solchem Jubel freuen, dass der Körper wie Asche zerfalle.

Offenbarung V. 11. Befragung (15)

21. August

Meine Braut! Weil du um meinetwillen alles hast verlassen wollen, bist du von Rechts wegen mein geworden. Und es gehörte sich, dass ich mich wegen einer so großen Liebe um dich sorge. Nicht Gold oder Silber, sondern mich selber werde ich dir zum Lohn geben, der ich der König der Herrlichkeit bin.

Offenbarungen I 2 (4, 8)

22. August

Meine Braut! Ein guter Gedanke ist nämlich wie süßes Öl und wie lieblicher Wein. Ein böser Gedanke ist wie bitterer Senf, weil er die Seele bitter und unruhig macht. Dennoch nützt er zur Reinigung der Seele wie Senf zur Reinigung des Gehirns.

Offenbarungen II 27 (7, 9)

23. August

Meine Braut! Alles, was du tust, sollst du in Gehorsam und Unterscheidung tun. Denn es ist mir lieber, wenn gegessen, als wenn wider den Gehorsam gefastet wird.

Extravagantes 58 (1)

24. August

Meine Braut! Du sollst wissen, dass die Seele dieses Eremiten, meines Freundes, sofort, als sie aus dem Körper ausgetreten war, in den Himmel eingegangen wäre, wenn sie im Tod den vollkommenen Wunsch gehabt hätte, zur Gegenwart und Anschauung Gottes zu gelangen. Und darum wird sie jetzt aufgehalten in jenem Fegefeuer der Sehnsucht, wo es keine Strafe gibt, nur das Verlangen, zu Gott zu kommen. Aber dennoch sollst du wissen, dass, ehe sein Leib unter die Erde kommt, seine Seele in die Herrlichkeit eingeführt werden wird.

Offenbarungen IV 127 (2-3)

25. August

Meine Braut! Siehe, der Schatz Gottes, der in den Himmeln geehrt wird, wird auf Erden verachtet. – So wurde zur hl. Birgitta gesprochen, als die Reliquien des hl. Ludwig an einem ungeeigneten Ort aufbewahrt wurden.

Extravagantes 59 (3)

26. August

Meine Braut! Was öffnet den Himmel, wenn nicht der Wille, das Gute zu wollen? War nicht Luzifer als gut erschaffen? Aber nachdem er seinen Willen missbraucht und ihn ungeordnet bewegt hatte, wurde er selber ordnungsfeindlich und durch den bösen Willen böse.

Offenbarungen VI 115 (3-5)

27. August

Meine Braut! Beunruhige dich nicht, wenn den Freunden einiges Widerwärtige begegnet, denn daraus erwächst ihnen Belohnung. Der geistliche Kampf, der in Geduld und göttlicher Liebe geführt wird, ist viel edler als der körperliche. Denn der Teufel arbeitet nicht daran, das Körperliche hinwegzunehmen, sondern die Tugenden zu verderben und die Geduld und Beständigkeit in den Tugenden hinwegzunehmen.

Offenbarungen VI 43 (14-15)

28. August

Meine Braut! Der hl. Augustinus lebte vor seinem Bischofsamt nach einer Regel, aber auch als Bischof verließ er das Leben nach einer Regel nicht, obwohl er zu höherer Ehre aufgestiegen war. Er nahm ja die Ehre wider seinen Willen an und nur, weil er sah, dass er den Seelen nützen könnte.

Offenbarungen III 18 (8-9)

29. August

Meine Tochter! Ich habe ja betrachtet, mit welcher Gnade Gott mir zuvorgekommen ist, als ich noch nicht geboren war, mit welch großem Segen er mich nach der Geburt gesegnet hat, und bei dieser Betrachtung seufzte ich, als ich daran dachte, was ich meinem Gott für solche Wohltaten wiedervergelten sollte. Und darum bin ich vor dem Lauf der Welt in die Wüste geflohen, wo mir mein Herr Jesus so süß wurde, dass es mir lästig wurde, an alles Erstrebenswerte der Welt zu denken. – So sprach der hl. Johannes zur Braut.

Offenbarungen VIII 34 (14-15)

30. August

Meine Braut! Ziehe meinen Willen dem deinigen vor, denn meine Mutter, deine Herrin, hat von Anfang bis Ende niemals etwas anderes gewollt als ich. Wenn du das tun wirst, wird dein Herz von meiner Liebe entzündet werden. Du wirst in den Armen meiner Gottheit ruhen.

Offenbarungen I 1 (11-12)

31. August

Meine Braut! Fürchte dich nicht, weil niemand diese Worte entkräften können wird, sondern sie werden zu dem Ort und dem Volk kommen, wohin es mir gefällt. Trotzdem sollst du wissen, dass jene Worte wie Öl sind. Deswegen sollen sie jetzt von den Neidischen, dann von denen, die wissen wollen, dann wieder von denen, die eine Gelegenheit suchen, gemahlen, zertreten und ausgepresst werden.

Offenbarungen VI 100 (4-5)

SEPTEMBER
Geweiht der schmerzhaften Mutter

1. September

Meine Braut! Die Engel, die voller Tugend sind, umgeben und schützen die Freunde Gottes täglich.

Offenbarungen VI 18 (14)

2. September

Meine Braut! Ich mache aus unedlem Stoff ein edles Geschöpf, nämlich den Menschen, und obwohl viele durch ihre bösen Werke von mir weichen, höre ich dennoch nicht auf, andere zu formen, bis der Chor der Engel und die leeren Stellen im Himmel sich füllen.

Offenbarungen VI 44 (2)

3. September

Meine Braut! Nichts kann die gerechte Strafe auslöschen außer einem, das ist die göttliche Liebe. Wer immer sie im Herzen erhalten hat, ein wie großer Sünder er auch sei, so wird sofort ausgelöscht, was im Buch der Gerechtigkeit über ihn geschrieben war.

Offenbarungen VI 39 (45)

4. September

Meine Braut! Ich habe an dir nämlich getan, wie jemand seinem Freund zu tun pflegt, den er aus Liebe und zu seinem Besten gefangen nimmt. Ich habe dich gleichsam gefangen genommen, als ich dich von deiner Freude zu meiner Liebe gerufen habe, als ich dich von den Gefahren der Welt in diesen Hafen der Ruhe berief.

Offenbarungen VI 14 (12, 15)

5. September

Meine Braut! Ich bin der Schöpfer von allem. Jeder Mensch existiert ja nach der Beschaffenheit des Körpers, die von Ewigkeit her in meinem Vorauswissen war. Dass aber der eine ein längeres, der andere ein kürzeres Leben hat, das ist gemäß der Stärke und Schwäche der Natur, die in meinem Vorauswissen liegt, gegen das niemand ankommen kann. Dennoch geschieht es zuweilen, dass manche vor der natürlichen Ordnung des Leibes hinweggenommen werden, etwa durch Totschlag, Trunkenheit oder etwas von dieser Art. Diese Hinwegnahme ist von Ewigkeit her in meinem Vorauswissen gewesen. Aber wenn ich auch alles kann und weiß, so handle ich aus Gerechtigkeit nicht mehr gegen die natürliche Beschaffenheit des Körpers als gegen die Beschaffenheit der Seele.

Offenbarungen II 1 (5-6, 9, 26)

6. September

Meine Braut! Darum sind jene armselig, die sagen: „Es genügt, wenn ich im Himmel der Geringste bin. Ich will nicht vollkommen sein.“ O unvernünftiger Gedanke! Wie könnte jemand dort unvollkommen sein, wo alle vollkommen sind?

Offenbarungen III 28 (16)

7. September

Meine Tochter! Wahrlich, ich sage dir, dass meine Geburt der Anfang der wahren Freuden gewesen ist, weil damals das Reis aufgegangen ist, aus welchem jene Blume emporsprosste, nach der die Könige und Propheten verlangt haben. – So sprach die Mutter Gottes zur Braut.

Offenbarungen VI 56 (7)

8. September

Meine Braut! Meine Mutter war, als sie und nachdem sie geboren war, so schön, dass kein Makel an ihr war. Das haben die bösen Geister wohl erkannt, dass gewissermaßen ein dämonischer Ruf aus der Hölle erscholl: ‚Eine Jungfrau geht hervor, so tugendhaft und rein, dass sie alle Menschen auf Erden und im Himmel übertrifft und bis an den Thron Gottes gelangen wird.'

Offenbarungen IV 108 (1-2)

9. September

Meine Tochter! Wenn die Engel meinen Namen hören, freuen sie sich in ihrem Bewusstsein und danken Gott, der durch mich und mit mir eine solche Gnade gewirkt hat. Jene, die im Fegefeuer sind, freuen sich über die Maßen wie ein Kranker, der im Bett liegt, wenn er von jemandem ein Wort des Trostes hört. Auch nähern sich die guten Engel, wenn sie diesen Namen gehört haben, sofort mehr den Gerechten, denen sie um Schutz gegeben sind. Alle Teufel aber fürchten diesen Namen und scheuen ihn. Sie verlassen gleichsam erschrocken die Seele, aber sie eilen wieder herbei und kehren zu ihr zurück wie ein blitzschneller Pfeil, wenn keine Besserung erfolgt. – So sprach die Mutter Gottes zur Braut.

Offenbarungen I 9 (6-9)

10. September

Meine Braut! Wenn es dich aber erfreut, zu arbeiten und zu ruhen und zu essen, so sollst du sprechen: „Jesus, Sohn Gottes, der du gebunden gewesen bist, lenke meine Hände und alle meine Glieder, damit meine Werke ein gutes Ende haben."

Offenbarungen VI 94 (12)

11. September

Meine Braut! Der gute Geist rät dem Menschen, an das Himmlische zu denken und das Zeitliche nicht zu lieben. Der böse Geist aber rät dem Menschen, jenes Gegenwärtige zu lieben, stellt die Sünde als leicht hin, macht Schwachheiten geltend und führt Beispiele von Schwachen an.

Offenbarungen VIII 13 (2)

12. September

Meine Braut! Wie jener Ort sorgfältig bearbeitet wird, wo Rosen und Pflanzen gesät werden sollen, so wurde dieses Stätte der Katakomben lange zuvor vorbereitet und geehrt, über die sich Engel und Menschen freuten. Gleichwie ich die Seelen meiner Auserwählten in mir selber habe, so trage ich auch Sorge für die Überreste meiner Freunde, die mein Schatz sind, bis sie das Doppelte empfangen, was ihnen verheißen ist.

Offenbarungen IV 107 (40) und IV 114 (19)

13. September

Meine Braut! Glaube, dass du zu allem unwürdig bist, und denke nicht, dass irgendeine deiner Bemühungen es wert sei, die Vergebung deiner Sünden zu erlangen und noch weniger die ewige Vergeltung, wenn ich nicht an dir Barmherzigkeit übe.

Extravagantes 58 (8)

14. September

Meine Braut! Du gib Acht, denn in diese Öffnung des Felsens war der Fuß meines Kreuzes zur Zeit meines Leidens eingesenkt. – Diese Worte sprach der Herr zur hl. Birgitta in einer Vision zu Jerusalem.

Offenbarungen VII 15 (3)

15. September

Meine Braut! Ich habe nämlich in der Welt nichts gesucht als einfachen Lebensunterhalt und Kleidung. Du aber, die du meine Braut bist, willst sein wie eine Herrin, Reichtümer und Ehren haben und ehrenvoll einhergehen. Wozu dient denn das alles? Wahrlich, alles ist eitel und alles wird zurückgelassen werden. Der Mensch ist ja nicht zu so großem Überfluss erschaffen worden, sondern zur Notwendigkeit der Natur. Diesen Überfluss aber hat der Hochmut erfunden, der jetzt für ein Gesetz gehalten und geliebt wird.

Offenbarungen I 40 (5-6)

16. September

Meine Braut! Deshalb gefällt mir der, wer immer mit vollkommenem Glauben und Willen diese vier Worte aus dem Gesetz spricht: „Jesus, erbarme dich meiner“ mehr als der, der ohne Aufmerksamkeit tausend Verse liest.

Offenbarungen VI 116 (13)

17. September

Meine Braut! Mein Freund Franziskus ist vom Berg der Wonne hinabgestiegen in die Höhle, wo sein Brot die Gottesliebe war, sei Trank beständige Tränen und sein Bett die Betrachtung meiner Werke und meiner Gebote.

Extravagantes 90 (1)

18. September

Meine Braut! Weshalb lernen die Menschen so vielerlei und so Großes und warum lesen sie so viele Bücher durch? Wirklich deshalb, um mir zu dienen? Geschieht es nicht vielmehr aus Neugier und zum Zeitvertreib? Ein jeglicher aber hat sein Gewissen, und danach wird jeder von mir gerichtet werden.

Offenbarungen VI 116 (12)

19. September

Meine Tochter! Ich blicke auf alle, die in der Welt sind, um vielleicht einige zu finden, die Mitleid und Mitgefühl mit mir haben und an meinen Kummer denken. Doch ich finde nur sehr wenige, die meines Schmerzes und meiner Trübsal gedenken. Darum, meine Tochter, wenn ich auch von vielen vergessen und vernachlässigt bin, so vergiss doch du mich nicht!

Offenbarungen II 24 (5-6)

20. September

Meine Braut! Ich habe alles um des Menschen willen erschaffen und ihm alles unterworfen, er aber liebt alles andere, nur mich nicht, und hasst nichts außer mich allein.

Offenbarungen I 2 (7)

21. September

Meine Tochter! Als mein Geliebter Jesus Christus predigte, wurde wie Feuer das Wort meiner Berufung in meinem Herzen entflammt, dass ich nicht mehr an Reichtum und Ehren dachte als wie an Spreu. Ja, es gefiel mir mehr, zu weinen und mich zu freuen, dass Gott einen so großen und elenden Sünder zur Gnade berufen wollte. Von meinem Lohn aber sollst du wissen, dass es wahr ist, wie geschrieben steht, dass es das Herz nicht begreifen und die Zunge nicht aussprechen kann. – So sprach der hl. Matthäus zur Braut.

Offenbarungen IV 129 (88-89, 94)

22. September

Meine Braut! Der Mensch, der die Vergebung seiner Sünden erlangen will, muss sich durch Reue und Beichte seiner Sünden entledigen und sich umgürten mit der Gesamtheit guter Worte und Taten. Es ist ja schändlich, dem schönsten Herrn zu geloben, seiner Schönheit zu folgen, und dann wieder dem Hässlichen nachzugehen.

Offenbarungen VIII 54 (2-3)

23. September

Meine Braut! Thekla, die eine Jungfrau war, wollte lieber bitterstes Leid erdulden, als auch nur ein einziges Wort gegen mich sprechen.

Offenbarungen IV 71 (18)

24. September

Meine Braut! Es ist mir nämlich willkommener und angenehmer, wenn die Ordensleute die selige Armut, die sie gemäß ihren Regeln gelobt haben, sorgfältig beachten, als wenn sie mir alles Gold und Silber und alle Metalle, die auf der Erde sind, darbrächten.

Offenbarungen VII 20 (29)

25. September

Meine Braut! Damit der Mensch die Herrlichkeit ersehen kann, zu der er erschaffen wurde, und den Ungehorsam bekämpfe, in den er freiwillig hineingerannt ist, deswegen ist ihm aus göttlicher Gerechtigkeit ein kläglicher Eingang und Ausgang und ein beschwerliches Leben hinzugefügt.

Offenbarungen V, 9. Befragung (20)

26. September

Meine Braut! Was fürchtest du? Auch wenn du zehnmal am Tag aus Gehorsam essen würdest, wird es dir nicht als Sünde angerechnet werden. Denn die Jungfräulichkeit verdient die Krone, die Witwenschaft nähert sich Gott, aber der Gehorsam führt sie alle in die Herrlichkeit ein.

Offenbarungen VI 111 (1)

27. September

Meine Braut! Wer aber Gott von ganzem Herzen liebt und unschuldigerweise durch einen verachtungswürdigen Tod stirbt, der lebt und stirbt selig, weil ein rauer Tod sowohl die Sünde als auch die Strafe für die Sünde mindert und die Krone vermehrt.

Offenbarungen IV 40 (7)

28. September

Meine Braut! Eine ähnliche Gerechtigkeit wie an den Engeln wird auch an den Menschen geübt. Der Mensch ist ja gehalten, zuerst Gott zu lieben und ihn danach zu sehen.

Offenbarungen VIII 56 (8)

29. September

Meine Braut! Die Engel umfangen die heilige Kirche mit zärtlichster Liebe, als wäre sie gleichsam im Herzen eines jeden unter ihnen. Denn die heilige Kirche sind nicht Steine und Wände, sondern die Seelen der Gerechten, und deshalb freuen sich die Engel ihrer Ehre und ihres Fortschritts wie über ihren eigenen.

Offenbarungen III 24 (17)

30. September

Meine Braut! Erinnere dich, dass ich dir zuvor gesagt habe, dass Hieronymus ein Freund der Witwen war, ein Nachfolger der vollkommenen Mönche und ein Vertreter und Verteidiger der Wahrheit. Darum füge ich jetzt hinzu, dass Hieronymus eine fügsame Posaune gewesen ist, durch welche der Heilige Geist sprach, und auch eine Flamme, die von jenem Feuer entzündet war, das über die Apostel am Pfingsttag kam. Darum sind diejenigen glücklich, die diese Posaune hören und ihr folgen.

Offenbarungen VI 60 (3-4)

OKTOBER
Geweiht den Engeln und Heiligen

1. Oktober

Meine Braut! Damals wurde auch das Gesetz festgelegt, dass es im Willen des Menschen stehen soll, mir, seinem Gott, zu folgen, um die ewige Krone zu erlangen; wenn er aber dem Willen des Teufels folgt, wird er ewige Pein haben. Ich aber sehne mich nach den Seelen, um ihnen ewige Freude und Ehre zu gewähren, der Teufel aber, um ihnen ewigen Schrecken und Schmerz zu bereiten.

Offenbarungen VII 11 (5-6)

2. Oktober

Meine Braut! Allen Menschen sind gute Engel gegeben zum Schutz und böse Engel zur Prüfung. Nicht so, dass die Engel selber von Gott getrennt wären, sondern sie dienen der Seele derart, dass sie Gott nicht verlassen, sondern beständig in seiner Anschauung stehen.

Offenbarungen I 9 (8)

3. Oktober

Meine Braut! Wenn aber Trübsal hereinbricht, so wird die Seele von allen Seiten geängstigt wie ein vom Wind gepeitschter Baum, ist in nichts beständig und klagt über alles. Weht ihn aber Ehre an, so ist er nicht weniger besorgt, wie er allen gefallen und von allen gut genannt werden möge. Siehe, wie große Unbeständigkeit hervorgeht aus der Unbeständigkeit einer verdorbenen Wurzel!

Offenbarungen VI 30 (25-26)

4. Oktober

Meine Braut! Mein Freund Franziskus ist wie ein im Feuer gehärteter, glühender Stein gewesen, weil er mich in sich hatte, der ich das göttliche Feuer bin.

Extravagantes 90 (4)

5. Oktober

Meine Braut! Der Teufel, der die Freunde Gottes beständig verfolgt, lässt bisweilen den Menschen frei von schweren Versuchungen, um ihn, wenn er im Geringsten nicht auf der Hut ist, dann umso leichter betrügen und verwirren zu können. Zuweilen lässt er auch das Laster als Tugend erscheinen und dagegen die Tugend als Laster. Denn die Barmherzigkeit ist zuweilen ein Laster, nämlich dann, wenn sie nur geübt wird, um den Menschen zu gefallen. Die Demut aber ist Hochmut, wenn sie geschieht, um von den Menschen bemerkt zu werden. Die Tugend der Geduld kann sich zeigen, ohne es wirklich zu sein, wenn sie sich zwar wegen Unrecht rächen möchte, es aber nur deshalb duldet, weil sich noch keine geeignete Zeit zur Rache gefunden hat.

Offenbarungen IV 68 (3-6)

6. Oktober

Meine Braut! Viele Heilige sind auf Eingebung des Heiligen Geistes in die Länder der Ungläubigen gezogen, haben nicht erlangt, was sie wollten, und sind dennoch wegen ihres guten Willens auf eine erhabene Weise gekrönt worden. Wegen ihrer Geduld und ihres guten Willens hat Gott die Zeit der Erbarmung beschleunigt.

Offenbarungen VIII 49 (10-11)

7. Oktober

Meine Tochter! Du wunderst dich nämlich, warum dir im Alter Versuchungen zuwachsen, die du weder in der Jugend noch in der Ehe erfahren hast. Dies geschieht deswegen, damit du weißt, dass du ohne meinen Sohn nichts bist und nichts kannst. Denn wenn mein Sohn dich nicht bewahrt hätte, gäbe es keine Sünde, in welche du nicht verwickelt worden wärest. So sprach die Mutter Gottes zur Braut.

Offenbarungen VI 94 (8-9)

8. Oktober

Meine Braut! Wie das Wachs ins Siegel eingedrückt wird, so wird deine Seele dem Heiligen Geist eingeprägt werden, sodass nach deinem Tod von vielen gesagt wird: „Schau, jetzt sehen wir, dass der Heilige Geist mit ihr war." Und meine Wärme soll deiner Wärme hinzugefügt werden, damit alle, die nahe herankommen, sich daran erwärmen, und erleuchtet und gestärkt sein werden.

Extravagantes 116 (4-5)

9. Oktober

Meine Tochter! Darum soll jeder, der in dieses Haus eintritt, darauf achten, dass er nicht den Tod anstatt das Leben und die

Kälte statt der Hitze liebe. Es soll sich auch jeder, der in mein Haus eintritt, vor dem Feind hüten, der vor der Türe steht. – Worte der Mutter Gottes bezüglich des neu zu errichtenden Ordenshauses Vadstena.

Extravagantes 39 (2)

10. Oktober

Meine Tochter! So sollen alle, die in dieses Haus eintreten, gestärkt werden und in jeder Weise von Tag zu Tag fortschreiten, und es soll ihnen die geistliche Kraft und die Glut des Glaubens anwachsen. – So sprach die Mutter Gottes zur Braut.

Extravagantes 39 (4)

11. Oktober

Meine Tochter! Es sei in diesem Haus auch eine Pforte, durch die allen einzutreten erlaubt ist, und die Eintretenden sollen welche von den Schafen meines Sohnes sein, die die Stimme dessen hören, der sein Leben für sie hingegeben hat.

Extravagantes 39 (11)

12. Oktober

Meine Tochter! Es mögen auch alle, die in dieses Haus eintreten, Frucht bringen wie das Korn, das hundertfache Frucht trägt, damit sie von Tugend zu Tugend fortschreiten, bis sie Gott in seiner Seligkeit schauen.

Extravagantes 39 (7)

13. Oktober

Meine Tochter! Der Vater möge die in mein Haus eintretenden mit seiner Macht bewahren, der Sohn sie mit seiner Weisheit lenken, der Heilige Geist mit seiner Liebe entflammen, damit, wenn ein Wolf in Schafskleidern hereingekommen ist, das den Schafen zu größerem Verdienst gereiche.

Extravagantes 39 (11)

14. Oktober

Meine Tochter! Gott behüte auch dieses Haus und die, die da hineingehen, wie er seinen Apostel [Johannes] behütet hat, dass er im Fett des Öles nicht verbrannte, und er gebe denen, die ihn lieben, dass sie weder im Fett der Liebe zur Welt verbrennen noch bei deren Widerstreben erlahmen oder erliegen.

Extravagantes 39 (6)

15. Oktober

Meine Tochter! Es möge auch Gott bei denen, die in dieses Haus eintreten, bleiben, wie er mit Jakob war, der alleine aus dem Haus seines Vaters ausging und mit einer zahlreichen Schar heimkehrte.

Extravagantes 39 (5)

16. Oktober

Meine Braut! Alle, welche Bräute Gottes zu sein oder zu werden verlangen, müssen auch hochzeitliche Kleider anziehen, das heißt Demut, Geduld und Gehorsam, die die Seele schmücken und sie vor Gott schön machen. Mit Ablegung der Profess beginnt aber der erste Tag der Hochzeit und endet, wenn die Seele aus dem Körper hinausgeht.

Extravagantes 17 (1, 3, 7)

17. Oktober

Meine Braut! Wahrlich, ich sage dir, dass der Name des Priesters groß ist, weil er ein Engel des Herrn, ein Vermittler ist, aber noch größer ist sein Amt, weil er den unbegreiflichen Gott berührt und in seiner Hand sich das Himmlische erniedrigt.

Offenbarungen IV 59 (8)

18. Oktober

Meine Braut! Du sollst aufs Sicherste wissen, dass jedes geschriebene Wort in der Bibel von mir ausgegangen ist und seine eigene Kraft und Wirksamkeit besitzt. So wie du siehst, dass die Edelsteine in der Welt ihre natürlichen Kräfte haben, in gleicher Weise hat jedes Wort, das von mir ausgegangen ist, seine Kräfte, und sie alle stehen mit ewiger Schönheit im Himmel und leuchten vor meinem ganzen himmlischen Heer wie die kostbarsten Steine mit den lieblichsten Farben in hellstem Gold.

Extravagantes 91 (1-3)

19. Oktober

Meine Braut! Jene Tränen sind mir süß, welche hervorgehen aus der Betrachtung der Wohltaten Gottes, aus der Betrachtung der eigenen Sünde und aus der Liebe zu Gott. Solche Tränen erheben die Seelen vom Irdischen zum Himmel und beleben den Menschen zu ewigem Leben.

Offenbarungen IV 13 (4-5)

20. Oktober

Meine Braut! Wie das schlechte Blut Krankheit verursacht, den Lauf behindert und den Zugang zum Herzen hemmt und den Appetit zum Essen nimmt, so erdrückt der böse Wille und die verdorbene Absicht die Liebe zu Gott, ruft Trägheit hervor und verschließt Gott den Zugang zum Herzen.

Offenbarungen IV 129 (77-78)

21. Oktober

Meine Braut! Denjenigen, der mich verachtet, richtet die Gerechtigkeit, jenen aber, der mir gehorcht, belohnt die Barmherzigkeit und das doppelt: erstens, weil die Sündenstrafe aus dem Buch der Gerechtigkeit ausgelöscht wird, zweitens, weil der Lohn gemäß der Genugtuung für die Sünden vermehrt wird.

Offenbarungen VIII 55 (2)

22. Oktober

Meine Braut! Jener Kern bedeutet meine Worte, die beim Wuchern der Sünde jetzt in diesem Reich [Schweden] keine rechten Erfolg haben können, vorher anderswo aufsteigen und Nutzen bringen, bis die Härte der Erde dieses Reiches bei abnehmender Barmherzigkeit sich öffnet.

Offenbarungen V, 12. Offenbarung (14)

23. Oktober

Meine Braut! Weil ich jedoch barmherzig bin und keine Gerechtigkeit ohne Barmherzigkeit übe, und auch nicht Barmherzigkeit ohne Gerechtigkeit, bin ich bereit, mich aller zu erbarmen, die bitten, dennoch so, dass ich nicht die Gerechtigkeit verlasse, sondern die Größe der Gerechtigkeit in Leichteres umwandle.

Extravagantes 75 (16)

24. Oktober

Meine Braut! Wie aber der Engel Gottes im Lichte Gottes strahlt und unaufhörlich in seiner Liebe brennt, so entzündet sich der Teufel immer an seiner Bosheit und wird im Elend sein. Seine Bosheit ist unersättlich, und so sind auch die Güte des Heiligen Geistes und seine Gnade unaussprechlich. Denn niemand in der Welt ist so mit dem Teufel verwurzelt, dass nicht der gute Geist manchmal sein Herz besucht und es bewegt; so ist auch keiner so gut, dass ihn der Teufel nicht gerne mit Versuchung berühren würde.

Offenbarungen I 54 (18)

25. Oktober

Meine Braut! Wenn du nämlich von einer unreinen Anfechtung versucht wirst, sollst du sprechen: „Jesus, Sohn Gottes, der du alles erkennst, hilf mir, damit ich mich nicht an leeren Gedanken erfreue."

Offenbarungen VI 94 (10)

26. Oktober

Meine Braut! Die Freunde Gottes sollen sich nicht betrüben, wenn sie zeitlich gegeißelt werden oder wenn sie eines bitteren Todes sterben, denn es ist das größte Glück, eine Stunde lang zu trauern und in der Welt von Trübsal heimgesucht zu werden, damit man nicht in ein schwereres Fegefeuer kommt, aus dem es kein Entfliehen gibt und auch keine Zeit mehr, um sich zu bemühen.

Offenbarungen IV 40 (9)

27. Oktober

Meine Braut! Jene werden verurteilt zu ewigen Strafen in den Tiefen der Hölle. Man soll sich auch nicht darüber wundern, weil diejenigen, die den Weltleuten Vorbilder an Demut und Heiligkeit sein sollen, ihnen durch ihren Hochmut und ihre Begehrlichkeit verächtliche und gemeine Beispiele geben.

Offenbarungen VII 20 (26-27)

28. Oktober

Meine Braut! Dann werden die Menschen empfinden, was sie jetzt zu glauben verachten, dass meine Worte Worte der Liebe gewesen sind. Dann werden sie einsehen, dass ich sie wie ein Vater ermahnt habe und sie nicht hören wollte. Sie mögen den Werken glauben, wenn sie kommen.

Offenbarungen I 56 (36-37)

29. Oktober

Meine Braut! Ich habe zwei Arme, und mit dem einen umfasse ich den Himmel, mit dem anderen die Erde. Den ersten strecke ich aus zu meinen Auserwählten, um sie zu ehren und zu trösten. Den zweiten strecke ich aus über die Bosheit der Menschen, indem ich sie barmherzig ertrage und sie zügle, damit sie nicht soviel Böses tun, wie sie wollen.

Offenbarungen VI 100 (2-3)

30. Oktober

Meine Braut! Wie nämlich der Mensch in gewisser Weise das göttliche Erbe dem Teufel verkauft hat, indem er einen geringen Apfel zum Tausch für die ewige Freude annahm, so habe ich den Brief des Ungehorsams durch die Bitterkeit meines Herzens zerrissen, habe genuggetan für die Süßigkeit des Apfels und durch meinen Tod dem Menschen das Holz des Lebens verdient. Wer immer den Worten meiner Wahrheit glaubt und mir nachfolgt, der wird durch Erbschaft geistlichen Reichtum und meine Gnade erhalten.

Offenbarungen IV 111 (10-12)

31. Oktober

Meine Braut! So sind also die Urteile Gottes immer zu verehren und zu fürchten, und man soll sich sehr in Acht nehmen, damit nicht der Wille des Menschen dem Willen Gottes entgegengesetzt sei.

Offenbarungen VIII 49 (12)

NOVEMBER

Geweiht der Tröstung der armen Seelen

1. November

Meine Braut! Ehre die Heiligen. Sie sind nämlich wie zahllose Sterne, deren Licht und Glanz mit keinem irdischen Licht verglichen werden kann. Wenn die Heiligen in der Klarheit erscheinen würden, in der sie sind, könnte kein menschliches Auge das ertragen.

Offenbarungen I 20 (5-6)

2. November

Meine Braut! Wisse auch, dass so, wie die Sünden vielgestaltig und verschieden sind, auch die Strafen (des Fegefeuers) vielfach und verschieden sind. Wie sich darum der Hungrige über einen Brocken Speise freut, der an seinen Mund kommt und der Dürstende über das Getränk, so freuen sich die Seelen und nehmen teil an dem Guten, das für sie in der Welt geschieht.

Offenbarungen IV 4 (69)

3. November

Meine Braut! Die Seelen im Fegefeuer werden am Gehör verwirrt, weil sie nichts anderes hören als die Schmerzen von Strafe und Elend. Sie werden gepeinigt am Gesicht, weil sie nichts anderes sehen als ihr Elend. Sie werden schwer mitgenommen am Gefühl, weil sie die Hitze des unerträglichen Feuers und der schweren Strafe empfinden.

Offenbarungen I 50 (17-19)

4. November

Meine Tochter! Es gibt im Fegefeuer keine Pein, die nicht meinetwegen erträglicher und leichter wäre, als es sonst der Fall sein würde. Niemand ist so verflucht, dass ihm, solange er lebt, meine Barmherzigkeit mangelte.

Offenbarungen VI 10 (1-2)

5. November

Meine Braut! Misstraue meiner Güte nicht. Ich sage dir als sicher, dass so, wie sich Zacharias und Elisabeth in unaussprechlicher Freude freuten bei der Verheißung künftiger Nachkommenschaft, so wirst auch du dich über meine Gnade freuen, die ich dir erweisen will.

Offenbarungen I 20 (11)

6. November

Meine Braut! Je größere Hilfe die Seele durch ihre Freunde haben wird, umso schneller wird sie genesen und aus jenem Ort befreit werden.

Offenbarungen IV 7 (62)

7. November

Meine Braut! Keine Sünde von dir wird in mein Gericht kommen, die in deinem Leben durch Buße gestraft worden ist. Für welche aber keine Buße geleistet worden ist, die wird entweder im Fegefeuer gereinigt oder durch einen anderen, geheimen Ratschluss von mir.

Offenbarungen I 36 (11)

8. November

Meine Braut! Jener, der jetzt krank ist und für den du betest, war mir gegenüber allzu lässig und hat ein mir ganz entgegengesetztes Leben geführt. Er, der mit so großer Schwachheit beladen war, ist vor mein Gericht gekommen, und wenn er auch wegen seines guten Willens in Gnade gerichtet worden ist, dessen Seele wird dennoch im Fegefeuer eine so bittere Pein haben, dass es keinen Sterblichen gibt, der sich diese vorzustellen vermag. Was werden nun erst die erleiden, die ihren ganzen Willen in der Welt haben und von keiner Trübsal geplagt werden?

Offenbarungen VI 2 (1, 3-5)

9. November

Meine Tochter! Ich bin die Mutter aller, die sich im Fegefeuer befinden, weil alle Strafen, die denen gebühren, die für ihre Sünden geläutert werden sollen, stündlich um meines Gebetes willen einigermaßen gemildert werden.

Offenbarungen IV 138 (4)

10. November

Meine Braut! Ich kenne die Wege aller und betrachte sie und erwäge, was einem jeden gebührt, weil ich einen durchdringenderen Blick und tiefere Einsicht habe, um zu wissen, wie es um den Menschen steht, als er selber sich zu erkennen vermag.

Offenbarungen II 1 (3)

11. November

Meine Braut! Alle glauben und verkünden es, dass ich barmherzig bin, aber fast niemand sagt oder glaubt, dass ich gerecht urteile. Aber ich bin ein gerechter Richter und ein barmherziger, sodass ich nicht die kleinste Sünde ungestraft lasse und auch nicht das geringste Gute ohne Belohnung.

Offenbarungen I 5 (13-14)

12. November

Meine Braut! Der Ofen aber bedeutet die Hölle, die im Inneren so sehr brennt, dass, wenn die ganze Welt mit allem, was in ihr ist, verbrannt würde, es nicht der Größe dieses Ofens ähnlich sein werde. Du sollst auch wissen, dass das Feuer, das dir im Ofen zu sein scheint, in immerwährender Dunkelheit brennt und dass die Seelen, die darin brennen, nicht alle die gleiche Pein haben. In diesem Ofen aber sind verschiedene Stimmen zu hören, die alle gegen Gott sprechen, alle ihre Äußerungen mit Wehe beginnen und sie in ähnlicher Weise beenden.

Offenbarungen IV 7 (49-51)

13. November

Meine Braut! Die Augen deiner Seele sollen einfältig sein wie die einer Taube, das heißt, dein Gedanke soll immer bei meiner Liebe und meinen Leiden sein und bei den Werken und Worten meiner Erwählten.

Offenbarungen IV 82 (5)

14. November

Meine Braut! Darum kann ich jetzt das Sprichwort sagen, das im Volk allgemein herumgeht: „Wer geduldig ist, wird von allen verachtet." So werde ich wegen meiner Geduld von allen für einfältig gehalten und deswegen von allen verachtet. Aber wehe ihnen, wenn ich ihnen nach einer solchen Geduld mein Gericht zeigen werde! Denn sie werden vor mir sein wie Schmutz, der in die Tiefe fällt und nicht eher halt macht, bis er in der Tiefe der Hölle angelangt ist.

Offenbarungen I 19 (6-7)

15. November

Meine Braut! So soll deine Seele, die mir süß und schmackhaft wie ein Käse ist, solange im Körper geprüft und geläutert werden, bis Körper und Seele in eins übereinstimmen und beide eine Art von Enthaltsamkeit haben, sodass das Fleisch dem Geist gehorcht und der Geist das Fleisch zu allen Tugenden leitet.

Offenbarungen I 33 (9)

16. November

Meine Braut! Die Menschen haben keine noch so bescheidene Sache, die sie nicht mehr liebten als mich. Wegen allem empfinden sie Schmerz, nur wegen mir nicht. Der eigene Schaden und der der Freunde schmerzt sie. Sie empfinden Schmerz, wenn sie andere Leute, die höher stehen als sie selber, beleidigen, aber es schmerzt sie nicht, wenn sie mich beleidigen, den Schöpfer aller Dinge.

Offenbarungen I 46 (15)

17. November

Meine Tochter! Die Betrachtung meiner Demut ist wie ein Mantel, der diejenigen wärmt, die ihn tragen. Ein materieller

Mantel wärmt nämlich nicht, wenn er nicht getragen wird, und meine Demut nutzt auch denen nicht, wenn sie nicht danach trachten, sie nachzuahmen.

Offenbarungen II 23 (36-37)

18. November

Meine Braut! Es gibt viele Blüten am Baum, aber nicht alle kommen zur Vollendung. So gibt es viele tugendhafte Werke; es verdienen aber nicht alle himmlischen Lohn, wenn sie nicht bescheiden geschehen. Denn das Fasten, das Beten, das Besuchen von Gnadenstätten sind tugendhafte Werke; wenn diese aber nicht in solcher Gesinnung geschehen, dass der Mensch dabei überzeugt ist, er durchdringe durch die Demut den Himmel und er sei in allen Dingen doch nur ein unnützer Knecht, so nützen diese Werke für die Ewigkeit nur wenig.

Offenbarungen IV 26 (1-2)

19. November

Meine Braut! Ich habe gehört, dass die hl. Elisabeth, die Tochter des Königs von Ungarn, die fein erzogen und edel verheiratet war, große Armut und Verachtung ertragen hat. Sie hat einen größeren Trost von Gott in der Armut erhalten und eine erhabenere Krone, als wenn sie in aller Ehre der Welt und in ihrem Trost geblieben wäre.

Offenbarungen IV 4 (30-31)

20. November

Meine Braut! Was ist der gute Geist, wenn nicht Gott? Wie aber der gute Mensch nicht fühlt, woher und wie die Süßigkeit des Heiligen Geistes in sein Herz eindringt, kann er sie auch in der Gegenwart nicht vollkommen, sondern nur teilweise kosten.

Offenbarungen VI 38 (1, 4)

21. November

Meine Tochter! Als aber die Zeit nahte, wo gemäß den Bestimmungen die Jungfrauen im Tempel des Herrn dargestellt wurden, war auch ich unter ihnen anwesend. Ich habe auch in meinem Herzen gelobt, wenn es ihm annehmbar wäre, die Jungfräulichkeit zu bewahren und nichts auf der Welt zu besitzen. Und ich habe Gott meinen ganzen Willen übergeben.

Offenbarungen I 10 (3-5)

22. November

Meine Braut! Wer immer die Eitelkeit der Welt und das Überflüssige von sich wirft, wer sich mit dem bloßen Notwendigen zufrieden gibt und in der Liebe Gottes wirkt, so viel er kann, der besitzt die Speise der Weisheit.

Offenbarungen II 25 (34)

23. November

Meine Braut! Die Trennung von Seele und Leib ist bei den Gerechten nur ein Schlaf; denn sie erwachen im ewigen Leben. Aber es muss wahrhaftig ein Tod genannt werden, wenn die Seele, vom Leib getrennt, in ewigem Tod lebt.

Offenbarungen IV 40 (2)

24. November

Meine Braut! Sage in allen Versuchungen und Widerwärtigkeiten mit Worten und Taten: „Es geschehe der Wille Gottes!" Denn ich verteidige die, welche mir vertrauen, durch meine Macht, ich erquicke sie mit meiner Barmherzigkeit, ich halte sie durch meine Geduld, ich suche sie heim mit meinem Trost, ich vergelte ihnen hundertfach durch meine Liebe.

Offenbarungen IV 47 (13-14)

25. November

Meine Braut! Wenn du meiner Weisheit folgen willst, so wird sie dich auf einen sehr hohen Berg führen, aber auf dem Weg ist die Härte der Steine unter deinen Füßen; schwierig und hart ist der Aufstieg.

Offenbarungen II 22 (4)

26. November

Meine Braut! Siehe, wie großen Jammer die Elenden für die Verachtung ihres Gottes und für vergängliches Glück haben werden! Darum, meine Braut, danke mir, dass ich dich aus solchem Elend herausgerufen habe!

Offenbarungen II 8 (39)

27. November

Meine Braut! Wahrlich, der Mensch kümmert sich nicht darum und gibt nicht acht auf das, was ich aus Liebe getan habe. Sie sehen, dass sie sterblich sind, aber sie kümmern sich nicht darum. Sie hören und sehen meine Gerechtigkeit, die ich um ihrer Sünden willen an Königen und anderen Fürsten getan habe. Und für das alles sind sie blind. Sie verwandeln sich das Zeitliche in Pein, das, was zu nichts nütze ist, in ewige Strafe.

Offenbarungen I 44 (3-4, 7)

28. November

Meine Braut! In einer mir bekannten Zeit wird der Antichrist kommen, wenn die Ungerechtigkeit sich über das Maß hinaus vermehrt hat und die Gottlosigkeit ins Unermessliche gewachsen sein wird. Daher sollst du wissen, dass, ehe der Antichrist kommen wird, einigen Heidenvölkern die Pforte des Glaubens geöffnet wird.

Offenbarungen VI 67 (11-12)

29. November

Meine Braut! Keine Sünde ist nämlich so schwer, dass sie nicht durch Buße abgewaschen werden könnte.

Offenbarungen I 26 (23)

30. November

Meine Braut! Aber weil es jetzt Zeit ist, geht zur Stadt Amalfi zu meinem Apostel Andreas. Dessen Leib ist mein Tempel gewesen, geschmückt mit jeglicher Tugend. Er hat sich meines Kreuzes nicht geschämt, sondern es fröhlich getragen.

Offenbarungen VI 107 (2, 4)

DEZEMBER
Geweiht dem Geheimnis der Menschwerdung

1. Dezember

Meine Braut! Ich werde dieses Land in Gericht und Trübsal pflügen, bis die Einwohner lernen, um die Barmherzigkeit Gottes zu bitten.

Extravagantes 77 (1)

2. Dezember

Meine Braut! Ich bin ja wie eine Mutter, die ihrem irrenden Sohn entgegenläuft. Sie bietet ihm auf dem Weg ein Licht an, damit er den Weg sehen möge. So werde ich allen, die zu mir zurückkehren, in Liebe entgegengehen und sie erleuchten.

Offenbarungen II 15 (31-32)

3. Dezember

Meine Braut! Darum bist du verpflichtet, Gott viel zu danken, weil du von Christen und in der Zeit des Heils geboren bist, denn viele haben verlangt, das zu erhalten und zu sehen, was den Christen angeboten wird, und haben es nicht erhalten.

Offenbarungen III 26 (20)

4. Dezember

Meine Braut! Wer immer eifrig an den Weg denkt, der zum Tod führt, daran, wie der Tod selber ist, und an das Gericht nach dem Tod, der ist weise.

Offenbarungen II 25 (33)

5. Dezember

Meine Braut! Als nun der Teufel diese Liebe Gottes zu den Menschen sah, dachte er aus Neid bei sich so: „Schau, Gott hat etwas Neues geschaffen, was an unseren Ort gelangen und durch Kampf erringen kann, was wir so nachlässig zurückgelassen haben." Nachdem dann der Plan der Täuschung ausgedacht worden war, täuschten sie aus ihrer Bosheit heraus den ersten Menschen und gewannen durch meine Zulassung das Übergewicht. Aber wie und wann wurde der Mensch besiegt? Da nämlich, als er die Tugend verließ und das Verbotene tat, als die Verheißung des Teufels ihn mehr freute als der Gehorsam mir gegenüber.

Offenbarungen II 17 (20, 22)

6. Dezember

Meine Tochter! So wie die Rose den Duft und die Traube die Süßigkeit hervorbringt, so hat Gott meinem Leib den besonderen Segen gegeben, Öl auszuschwitzen. Denn er ehrt seine Auserwählten nicht nur im Himmel, sondern er erfreut und erhöht sie auch auf Erden, damit mehrere erbaut werden und an der Gnade teilhaben, die ihnen gewährt wird. – So offenbarte sich St. Nikolaus der Braut.

Offenbarungen VI 103 (6)

7. Dezember

Meine Braut! Das Herz des hl. Ambrosius war voll von göttlichem Willen. Er blies den Willen zur Sünde aus sich hinaus.

Er hat die Wunden der Sünde mit den Worten der Wahrheit geheilt. Er hat die an göttlicher Liebe Kalten mit dem Beispiel seiner guten Werke entzündet. Und so hat er vielen geholfen, dass sie nicht in den Tod der Sünde eingingen.

Offenbarungen III 7 (4-5)

8. Dezember

Meine Tochter! Die Stunde, in der ich empfangen worden bin, kann wirklich eine goldene und kostbare Stunde genannt werden. Denn damals begann nämlich der Anfang des Heils für alle Menschen, und die Finsternis begann gleichsam in Licht überzugehen. Gott wollte in seinem Werk etwas Besonderes, aber vor der Welt Verborgenes tun, so wie er es an dem dürren Stab getan hat, der zu blühen begann. – So teilt die Mutter Gottes der Braut mit.

Offenbarungen VI 55 (2-3)

9. Dezember

Meine Braut! Jede Seele wurde schön von mir erschaffen, doch die Seele Mariens wurde zu aller Vollkommenheit des Lichtes so schön, dass ihr Sohn sich in ihrer Seele festmachte, an deren Schönheit sich Himmel und Erde erfreuten. Aber sie war nicht ganz rein, weil sie aus der Wurzel Adams hervorgegangen ist und von Sündern geboren wurde, auch wenn sie ohne Sünde empfangen war.

Offenbarungen V, 16. Befragung (14, 17)

10. Dezember

Meine Braut! Denn wie die Liebe mich auf unaussprechliche Weise in den Schoß der Jungfrau eingeführt hat, so führt die Liebe des Menschen Gott in seine Seele ein.

Extravagantes 70 (7)

11. Dezember

Meine Braut! Gott ist wie eine gute Wäscherin, die das schmutzige Tuch in die Sturmwellen legt, damit es durch die Bewegung des Wassers reiner und weißer werde. Sie bewahrt es aber sorgsam vor dem Schlage der Wellen, damit das Tuch nicht versinkt. So setzt Gott in der Gegenwart seine Freunde in die Sturmwogen der Armut und Betrübnis, damit sie zum ewigen Leben gereinigt werden, aber er hütet sie sorgsam, damit sie nicht versinken.

Offenbarungen III 30 (21)

12. Dezember

Meine Braut! Wie nämlich der, der Gott nicht von ganzem Herzen liebt, einer große Strafe würdig ist, so ist der, der nicht seine Sünden bessert, solange er es kann, des Fegefeuers würdig. Die Ablässe sind Erhebungen und Erlösungen der Seelen, welche die heiligen Päpste gestattet haben und die die Heiligen Gottes mit ihrem Blut verdient haben.

Offenbarungen IV 4 (41, 43)

13. Dezember

Meine Braut! Als Gott den Glauben und das Vertrauen der hl. Luzia erblickte, erhielt er sie unverletzt. Gott erlaubt niemandem, über seine Kräfte versucht zu werden.

Offenbarungen IV 4 (36)

14. Dezember

Meine Braut! Der Gerechte, welchen Todes er auch stirbt, ist vor Gott gerecht, aber die Menschen der Welt halten den für gerecht, der einen schönen Tod ohne Schmerzen und Schande hat. Im Urteil Gottes aber krönt oder verdammt nicht das Ende oder ein unschöner Tod, sondern Absicht und Wille des Menschen.

Offenbarungen III 19 (26, 30)

15. Dezember

Meine Braut! So ertrage ich den Menschen geduldig bis zum letzten Augenblick, weil ich sowohl Vater als auch Richter bin und meine Gerechtigkeit unveränderlich ist.

Offenbarungen I 56 (6)

16. Dezember

Meine Braut! Dass aber wenige die auf göttliche Weise gegebenen himmlischen Worte annehmen und glauben, das ist nicht Gottes Schuld, sondern die der Menschen, weil sie die Kälte ihrer Herzen nicht aufgeben wollen.

Offenbarungen VIII 48 (237)

17. Dezember

Meine Tochter! Ich werde meinen Sohn bitten, der dich auf den Berg stellen wird, wo tausendmal tausend Engel dienen. Denn wenn alle Menschen gezählt würden, die von Adam an geboren sind, bis auf den letzten, der am Ende der Welt geboren werden wird, so werden mehr als zehn Engel auf einen Menschen gefunden werden. – So belehrte die Mutter Gottes die Braut!

Offenbarungen IV 11 (15-16)

18. Dezember

Meine Braut! Ich bin vor dem Morgenstern vom Vater gezeugt und untrennbar im Vater. Der Vater hat mich in den Schoß der Jungfrau gesandt, wobei er sich nicht von mir trennte, sondern untrennbar mit mir blieb, damit der Mensch, der sich von Gott entfernt hat, durch meine Liebe zu Gott zurückkehre.

Offenbarungen I 41 (1, 3)

19. Dezember

Meine Braut! Denn was bedeutet der brennende und nicht verbrennende Busch, wenn nicht die vom Heiligen Geist befruchtete Jungfrau. Denn ich bin ja ganz sicher von diesem Busch ausgegangen, ich habe von dem jungfräulichen Fleisch Mariens menschliche Gestalt angenommen.

Offenbarungen II 10 (27-28)

20. Dezember

Meine Tochter! Wie in einem Spiegel drei Personen zu sehen wären, wenn sie davor stehen sollten, so kann in meiner Seele, welche klarer ist als die Sonne und reiner als ein Spiegel, der Vater und der Sohn und der Heilige Geist gesehen werden. Ich habe nämlich den Sohn mit der Gottheit in meinem Schoß gehabt. Jetzt aber wird er in mir mit Gottheit und Menschheit wie in einem Spiegel gesehen, weil ich verherrlicht bin.

Offenbarungen I 42 (8-9)

21. Dezember

Meine Braut! Ich habe dir früher gesagt, dass der hl. Thomas, mein Apostel, mein Schatz war. Das ist durchaus wahr. Denn Thomas ist tatsächlich das Licht der Welt, aber die Menschen lieben die Finsternis mehr als das Licht.

Offenbarungen VII 4 (20-21)

22. Dezember

Meine Braut! Meine Mutter hat durch die Süßigkeit ihrer Sitten alles Gute in sich gezogen, als es meiner Gottheit gefiel, bei ihr einzutreten, und meiner Menschheit, bei ihr zu wohnen. Ihr Leib war überaus rein wie Elfenbein und wie ein Ort, der durch kostbare Steine überaus glänzend ist. Hier war daher der Ort ihres Leibes mir so sehr ersehnenswert und hat mir so sehr gefallen, dass ich mich nicht gescheut habe, vom höchsten Himmel herabzusteigen zu ihr und in ihr zu verweilen, ja ich habe mich sogar aufs Lieblichste erfreut.

Offenbarungen V, 9. Befragung (16, 18, 21)

23. Dezember

Meine Braut! Ich ging ein in den Leib der Jungfrau wie die leuchtende Sonne durch einen ganz reinen Stein. Denn so wie die Sonne beim Durchdringen das Glas nicht beschädigt, so wurde auch die Jungfräulichkeit der Jungfrau bei der Annahme meiner menschlichen Natur nicht beschädigt.

Offenbarungen I 1 (1)

24. Dezember

Meine Braut! So wie bei der Erschaffung Adams und Evas die Macht der Gottheit wunderbar war, so lag im Zugehen meiner Gottheit zur Jungfrau wunderbare Güte, denn meine unbegreifliche Göttlichkeit stieg herab in ein geschlossenes Gefäß, ohne es zu verletzen.

Offenbarungen V, 12. Befragung (18)

25. Dezember

Meine Tochter! Als ich meinen Sohn gebar, gebar ich ihn ohne Schmerz und Sünde, wie ich ihn auch empfangen hatte, unter so großem Jubel von Seele und Leib, dass meine Füße vor Frohlocken den Boden nicht spürten, wo sie standen. Und so wie er in alle meine Glieder unter Freude meiner ganzen Seele eingegangen war, so kam er unter der Freude aller meiner Glieder und unter dem Jubel meiner Seele in unaussprechlicher Freude hervor, ohne meine Jungfräulichkeit zu verletzen. Und als ich ihn erblickte und seine Schönheit betrachtete, ließ meine Seele gleichsam einen Tau der Freude tropfen.

Offenbarungen I 10 (12-13)

26. Dezember

Meine Braut! Der hl. Stephanus sprach nicht das Gefällige, sondern das Wahre, nicht Weiches, sondern Raues. Obendrein bat er für sie und machte daher Fortschritte, und viele wurden seinetwegen gebessert.

Offenbarungen IV 129 (41)

27. Dezember

Meine Braut! Johannes hat aus meiner Inspiration heraus die künftigen Gefahren der Kirche unter leiblichen Bildern gesehen. Wenn er sie gewissen Zeiten zugeschrieben hätte, wären seine Zuhörer entsetzt gewesen und in der Erwartung vor Furcht vergangen. Deswegen ist ihm befohlen worden, dass er versiegle, was er gesehen habe.

Offenbarungen VI 110 (3-4)

28. Dezember

Meine Braut! Dass aber die unschuldigen Kinder getötet wurden, war ein Vorzeichen meines künftigen Leidens und ein Geheimnis der zu Berufenden und der göttlichen Liebe. Denn wenn die Kinder mir auch nicht mit Stimme und Mund Zeugnis gaben, so taten sie es doch durch ihren Tod.

Offenbarungen V, 12. Befragung (33-34)

29. Dezember

Meine Braut! Gehe nicht zurück, bis du den Gipfel des Berges erreicht hast! Nichts ist nämlich so schwer, dass es nicht in beständiger und vernünftiger Fortdauer leicht würde. Obwohl es aber so schwer ist, wird über dem Berg eine Wolke erscheinen, das heißt der Trost des Heiligen Geistes. Tritt her und versuche es wie ein Mensch, der voranschreitet.

Offenbarungen II 22 (22, 32-33)

30. Dezember

Meine Braut! Was ist denn das Leben dieser Zeit anderes als ein Augenblick zur Ewigkeit?

Offenbarungen I 53 (16)

31. Dezember

Meine Braut! In der Vorsehung meiner Gottheit ist alles von Anfang an und vor aller Zeit vorhergesehen und festgelegt worden; alles, das Leibliche wie das Geistliche folgt einer gewissen Fügung und Ordnung, und alles steht oder verläuft in der Richtung, die in meinem Vorherwissen geordnet und vorausgewusst worden ist.

Offenbarungen IV 67 (1)

Nachwort

von Wilhelm Liebhart

Seit 1999 zählt Birgitta von Schweden (1303–1373) neben Katharina von Siena und Theresia Benedicta a Cruce (Edith Stein) zu den Patroninnen Europas. Die Mystikerin und Gründerin des Ordens des Allerheiligsten Erlösers (Birgittenorden) gilt nicht nur als Vorbild für Frauen des geistlichen Standes, sondern als Ehefrau und achtfache Mutter auch als Vorbild für Frauen im Laienstand. Die Schwedin mahnte im 14. Jahrhundert „die sittliche Erneuerung des christlichen Volkes und selbst des Klerus“ an, weil sie – wie die alten Propheten – in der Lage war, die „Stimme Gottes“ zu empfangen und „die Pläne Gottes in Bezug auf geschichtliche Ereignisse“ zu enthüllen. In Form von Visionen oder – wie Birgitta es nennt – von Offenbarungen (*revelaciones*) soll sie die „Stimme Gottes“ und einiger Heiliger empfangen haben. So das Motuproprio *Spes aedificandi* Papst Johannes Paul II. vom 1. Oktober 1999. Die über 600 Visionen oder Offenbarungen, überliefert in zahlreichen spätmittelalterlichen Handschriften, erschienen gedruckt in mehreren lateinischen Ausgaben von 1492 bis 2002, darunter auch eine vom oberbayerischen Birgittenkloster Altomünster betreute und in Auftrag gegebene Edition von 1680 in Großfolio. Auftraggeber und Lektor war Prior P. Simon Hörmann (1630–1701). Wer war dieser Ordensmann?

Prior P. Simon Hörmann OSsS

Simon Hörmann erblickte 1630 als Bierbrauersohn im Marktflecken Altomünster zwischen München und Augsburg das Licht der Welt. 1649/1650, als sein Elternhaus von der Pest heimgesucht wurde, besuchte er das jesuitische Wilhelmgymnasium in München. Dort bekam Simon sein philosophisches, theologisches und philologisches Rüstzeug vermittelt. In das Heimatkloster trat er noch 1650 ein. Sein theologisches Wissen stellte Hörmann zwei Jahre später in einer Disputation im Beisein vieler Ehrengäste unter Beweis. Der Würzburger Dominikanerpater Hyazinth Neudecker bildete damals als Lektor im Kloster die angehenden Birgittenpatres zu Theologen aus. Nach Abschluss des philosophisch-theologischen Hausstudiums wurde dann wie auf den Universitäten im Kloster disputiert, das heißt in einem wissenschaftlichen Streitgespräch das Gelernte vorgeführt. Danach erfolgte die Priesterweihe in Freising. 1669 fiel auf den 39-jährigen Hörmann das einhellige Votum aller wahlberechtigter männlicher und weiblicher Konventualen. Seitdem nahm das Doppelkloster unter dem neuen Prior und der aus München stammenden Äbtissin Klara Reischl (1676-1704) einen nie dagewesenen geistlichen, kulturellen und ökonomischen Aufschwung. Es begann die barocke Blütezeit des kleinen Klosters. Der ökonomischer Aufschwung erlaubte nicht nur gewisse Baumaßnahmen, sondern stellte auch Mittel für publizistische Projekte zur Verfügung. Sein fleißigster Schriftsteller war Prior Hörmann selbst: Bekannt sind der „Birgittinischer Kalender (1676)“, ein deutsches Nonnenbrevier (1697), ein lateinisches Marianisches Birgittenmissale (1699) und schließlich eine neue Ausgabe der Offenbarungen der hl. Birgitta (1680), das *Corpus Revelationum seraphicae matris d(ominae) Birgittae, sponsae Christi*, das heißt, das „Werk der Offenbarungen der engelsgleichen Mutter, Frau Birgitta, Braut Christi“.

Prior Simon Hörmann (1669-1701), Ölporträt in Kloster Altomünster. Foto: Baumann.

Die Edition ist zwar nur einen Nachdruck einer italienischen Ausgabe von 1628, aber in erweiterter Gestalt. Hörmann ergänzte die Edition mit vier Indizes oder Stichwortverzeichnisse, die den Inhalt des Werkes zur besseren Benutzung aufschlüsselten: Der *Index biblicus* führt die enthaltenen Bibelzitate auf, der *Index theologicus* zeigt die Übereinstimmungen zwischen dem großen Kirchenlehrer Thomas von Aquin und der heiligen Birgitta, im *Index concionatorius* sind passende Stellen aus den Offenbarungen für den Predigtgebrauch zusammengestellt und ein *Index verbalis*, ein Wortindex, schließt die Register ab.

Das Titelkupfer zeichnete der Augsburger Jonas Umbach, in Kupfer stach es sein Landsmann Bartholomäus Kilian der Jüngere. Man sieht Birgitta und ihre Tochter Katharina gemeinsam vor einem Kruzifix an einem Tisch sitzen. Birgitta setzt

Titelkupfer der 1680 herausgegebenen Offenbarungen der hl. Birgitta.
Foto: Baumann.

gerade mit der gespitzten Feder in der Hand zum Schreiben an. Vor ihr liegen leere Seiten des Offenbarungsbuches aufgeschlagen. Auf verschiedenen Ebenen des Hintergrundes sind zu sehen: Adam und Eva vor dem Paradiesbaum, die Heilige Dreieinigkeit mit Maria und den Engeln und schließlich der Erzengel Michael, wie er mit flammendem Schwert teuflischen Wesen Einhalt gebietet. Prior Hörmann versuchte sich auch als Dichter. Von ihm stammen zwei sogenannte Translationsspiele von 1688 und 1694, Volksschauspiele anlässlich der Einsetzung fünf römischer Katakombenheiliger in die Klosterkirche.

Seine größte ordenspolitische Leistung war eine Konföderation aller nachmittelalterlichen Klöster in Polen, im Reich, in den spanischen Niederlanden, Portugal und in Italien. Dazu befähigte ihn die nach jesuitischem Vorbild 1675 erfolgte Wahl zum Ordensgeneral bzw. Generalprior auf Lebenszeit. 1691/1692 erreichte er die Dauernutzung des Hauses der hl. Birgitta (Casa di Santa Brigida) an der Piazza Farnese in Rom für den Orden und für sein Heimatkloster.

Birgittinischer Kalender

Die Arbeit an den *Revelationes* ließ die Idee zum „Birgittinischen Kalender“ reifen.

Hörmann verfasste 1676 für die Schwestern und Brüder seines Klosters einen „Birgittinischen Kalender“ in Gestalt von sogenannten Tageslosungen. Es handelt sich überwiegend – nicht ausschließlich – um Zitate aus den Offenbarungen Birgittas zur frommen Betrachtung an allen Tagen. Hörmann wählte Kernsätze aus sieben der acht Büchern (I bis VII), dann aus den sogenannten *Extravagantes* und schließlich aus dem *Sermon Angelicus* aus. Sie wurden bis zuletzt im bis 2017 bestehenden Birgittenkloster Altomünster am Vorabend vor der Komplet vorgelesen und dienten der spirituellen Betrachtung. Gedruckt wurde der Kalender wohl unverändert erstmals 1880 und nachgedruckt

1888, so dass ein Neudruck zu Beginn des 21. Jahrhunderts als Beitrag zur christlichen Spiritualität sinnvoll erscheinen mag. Ihm liegt aber nicht der Text aus der Barockzeit, sondern die neue Übersetzung der wissenschaftlich-kritischen Edition der lateinisch überlieferten Offenbarungen von 1956 bis 2002 in Schweden durch Sr. M. Apollonia Buchinger OSsS, der letzten Priorin des Birgittenklosters Altomünster, zugrunde. Sie folgte aber der Textauswahl von 1676 durch Prior Simon Hörmann. Welche Prinzipien bestimmten Hörmanns Auswahl?

Auswahlprinzipien

Wie die Offenbarungen als Ganzes ist der Kalender ausgerichtet auf Jesus Christus, der Birgitta stets als „Meine Braut!" anspricht, und auf Maria, die Birgitta mit „Meine Tochter!" betitelt. Doch sprechen vereinzelt im Kalender auch andere direkt mit Birgitta wie die Apostel Petrus (18.01.), Johannes (06.05.), Matthäus (21.09.) und Thomas (21.12.), der hl. Paulus und die Heiligen Agnes (21.01.), Papst Stephanus I. (03.08.), Johannes der Täufer und ein Engel (24.10.). Ein Dialog findet nicht statt, was für einen Kalender auch unpassend wäre.

Besondere Erwähnung finden die Tagesheiligen Josef (19.01.), Maria Magdalena (22.07), Mutter Anna (26.07.), Martha (29.07.), Franziskus (02.08., 17.09., 04.10.), Dominikus (04.08.), Laurentius (10.08.), König Ludwig IX. von Frankreich (25.08.), Augustinus (28.08.), Thekla (23.09.), der Kirchenlehrer Hieronymus als „Posaune Gottes" (30.09.), Elisabeth von Thüringen (19.11.), Apostel Andreas (30.11.), Nikolaus (06.12.), der Kirchenvater Ambrosius von Mailand (07.12), Lucia (13.12.), der Erzmärtyrer Stephanus (26.12.), der Apostel Johannes (27.12.) und die Unschuldigen Kinder (28.12.).

Die einzelnen Monate haben ein Motto, was bereits gewisse Anhaltspunkte für die Textauswahl gibt: Januar „Geweiht dem göttlichen Jesuskind", Februar „Geweiht der Heiligen Familie",

März „Geweiht dem Leiden Christi“, April „Geweiht dem eucharistischen Osterlamm“, Mai „Geweiht der jungfräulichen Gottesmutter“, Juni „Geweiht dem Göttlichen Herzen Jesu“, Juli „Geweiht dem kostbaren Blut Christi“, August „Geweiht der Verklärung Christi“, September „Geweiht der schmerzhaften Mutter“, Oktober „Geweiht den Engeln und Heiligen“, November „Geweiht der Tröstung der Armen Seelen“ und Dezember „Geweiht dem Geheimnis der Menschwerdung“.

Prior Hörmann nahm die Texte aus den Offenbarungen, so wie sie ihm passend erschienen, um sie auch zu verkürzen. Das bedeutet, dass die Zitate aus dem Zusammenhang der einzelnen, unterschiedlich langen Offenbarungen gerissen sind. Man kommt nicht umhin, oft den vollständigen Text nachzulesen, um den Zusammenhang zu verstehen.

Im Folgenden sollen nur einige Tageslosungen herausgegriffen werden, die von grundsätzlicher Bedeutung sind und uns in die theologische Welt des Spätmittelalters einführen.

Gottesbild

Obzwar Jesus Christus als Sohn Gottes im Mittelpunkt steht, werden auch Gottvater (28.05., 18.12.) und die Trinität (17.03., 13.10. und 20.12.) thematisiert. Der Dreieinige Gott als „die wahre Sonne“ (30.05.) ist „Leben und Süßigkeit, erleuchtendes Licht, erfreuende Güte, richtende Gerechtigkeit, rettende Barmherzigkeit“ (15.06.). Immer wieder ist die Rede von der Barmherzigkeit und von der strafenden Gerechtigkeit Gottes (09.04., 23.10., 11.11., 01.12.).

Marienbild

Jesus Christus zeichnet seine Mutter mit einer Vielzahl von Attributen aus wie „Königin der Barmherzigkeit“ (26.04.), „vorzüglichste Blume“ (01.05.), „Gestirn, das der Sonne vorangeht“

(04.05.), Friedensstifterin zwischen Gott und Mensch (04.05.), „leuchtende und brennende Flamme“ (09.05.), „Morgenröte“ (04.05., 30.05.), „Königin des Himmels“ und „Herrin der Engel“ (16.07.). Wer Maria anruft, wird errettet (27.05.). Sie „übertrifft alle Heiligen an Tugend“, aber auch die Engel, Propheten und Märtyrer (29.05.), sie ist „der Trost derer, die sich im Fegefeuer befinden“ (16.07.). Das Fegefeuer spielt bei der Auswahl durch Prior Hörmann eine große Rolle (24.08., 09.09., 26.10., 03.11., 05.11., 09.11., 12.11. und 14.11.).

Man erfährt, dass Maria nach Christi Himmelfahrt noch 15 Jahre lebte und im Himmel mit den gleichen Gewändern wie ihr Sohn bekleidet wurde. Im Himmel gäbe es nur die menschlichen Körper von Christus und von Maria (15.08.). Ein früher Hinweis auf die leibliche Auffahrt Mariens in den Himmel! Maria sei ohne Erbsünde empfangen worden. Maria verkündet Birgitta: „Ich habe nämlich den Sohn mit der Gottheit [Im Original: *deitas*] in meinem Schoß gehabt!“ (20.12.). Christus „ging ein in den Leib der Jungfrau wie die leuchtende Sonne durch einen ganz reinen Stein“, ohne dass die Jungfräulichkeit beschädigt wurde (23.12., auch 30.05.). Die Geburt Jesu erfolgte „ohne Schmerz und Sünde“ und ohne die Jungfräulichkeit zu verletzten (23.12.). Dazu sollte man die Schilderung der Geburt im 21. Kapitel des VII. Buches der Offenbarungen lesen. Sie hat die spätmittelalterliche Malerei nachhaltig beeinflusst.

Eine Aussage Christus‘ lässt aufhorchen, weil sie wie eine Vorwegnahme der Auffassung von einer „Miterlöserschaft“ Mariens klingt: „Ich kann wohl sagen, dass meine Mutter und ich gewissermaßen mit einem Herzen den Menschen erlöst [Im Original: *salvavimus*] haben“ (28.03., aus den Extravagantes cap. 3).

Kirche

Jesus Christus bezeichnet seine Kirche als Bienenkorb, in dem schlechte Bienen = schlechte Christen und gute Bienen = gute Christen leben. Erstere sind unnütz, weil sie keine „Süßigkeit" einbringen. Wie die Bienen im Herbst werden sie ausgesondert. Die guten Bienen = guten Christen erkennen Gott und bringen den „Honig der Süßigkeit", gemeint sind die „Werke der Liebe" (23. 05.). Die Kirche besteht nicht aus Steinen und Wänden, sondern aus den „Seelen der Gerechten" und wird von Engeln mit „zärtlicher Liebe" umfangen bzw. geschützt (29.09.).

Papsttum

Birgitta ist als Kritikerin des Papsttums in Avignon hinreichend bekannt geworden. Jesus Christus soll ihr geoffenbart haben, dass ein Papst, der kein Ketzer, aber mit anderen Sünden und bösen Werken belastet ist, trotzdem „die volle Gewalt" besitze „zu binden und zu lösen". Diese Vollmacht habe er in der Nachfolge Petri und damit von Gott empfangen. Trotzdem würden viele Päpste in der Hölle sitzen. Ihre gerechten und vernünftigen Urteile würden von Gott jedoch gutgeheißen (22.02.).

Priestertum

Die Priester stehen über den Engeln, weil sie Hüter des „heiligsten Leibes" sind, den sie mit ihren Händen und Lippen berühren dürften, während die Engel es nicht wagen, Gott zu berühren. Selbst vor dem schlechtesten Priester liegt der wahre Gott und wahre Mensch. Das ist die besondere Würde des Priesteramtes (17.02., 21.05 und 17.10.).

Klostertugenden

Als Voraussetzungen für den Eintritt ins Kloster und als Braut Christi gelten Demut, Geduld und Gehorsam (26.09.), wobei der Gehorsam die höchste Stelle einnimmt (04.07.). Die „Jungfräulichkeit ist das Höchste, weil sie den Engeln ähnlich ist", verlangt wird aber eine Jungfräulichkeit des Fleisches und (!) des Herzens (08.02.). Christus empfiehlt „vernünftiges Kasteien", um der Fleischeslust Widerstand zu leisten (19.08.).

Zu guter Letzt

„Die Bösen werden geduldet zur Prüfung der Guten!" (Offenbarungen, II. Buch, cap. 56)

„Was ist denn das Leben dieser Zeit anderes als ein Augenblick zur Ewigkeit!" (Offenbarungen, I. Buch, cap. 53)

Wilhelm Liebhart

Kloster Altomünster
Geschichte und Gegenwart

2020, 360 Seiten, geb., zahlreiche Abbildungen und Pläne,

1250 Jahre lang war Altomünster ein Ort, in dem hinter Klostermauern das Gotteslob bei persönlicher Armut, Keuschheit und Gehorsam gepflegt wurden. Aus einer Zelle des Einsiedlers Alto, der in der Mitte des 8. Jahrhunderts lebte, erwuchs ein Benediktinerkloster. Ihm folgten ein Frauenstift und dann eine Benediktinerinnenabtei, ehe dann von 1497 bis 2017 der Birgittenorden einzog. Die wechselhafte Geschichte des Klosters wird in diesem Band quellennah von den Anfängen bis zur Gegenwart in Bild und Text dokumentiert.